KB119828

15
본격
한중일
세계사

본격 한중일 세계사
15 동학농민운동과 청일전쟁

초판 1쇄 인쇄 2022년 12월 14일
초판 1쇄 발행 2022년 12월 21일

지은이 굽시니스트
펴낸이 이승현

출판2 본부장 박태근
지적인 독자 팀장 송두나
편집 김광연
디자인 하은혜

펴낸곳 ㈜위즈덤하우스 **출판등록** 2000년 5월 23일 제13-1071호
주소 서울특별시 마포구 양화로 19 합정오피스빌딩 17층
전화 02) 2179-5600 **홈페이지** www.wisdomhouse.co.kr

ISBN 979-11-6812-550-6 04900
      979-11-6220-324-8 (세트)

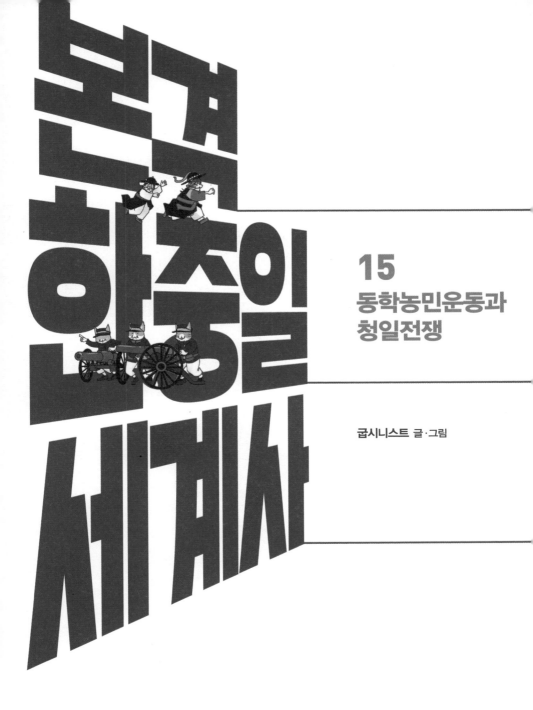

본격 한중일 세계사

15
동학농민운동과 청일전쟁

굽시니스트 글·그림

위즈덤하우스

머리말

2022년이 저물어가는 12월 이 머리말을 적고 있습니다. 정말 나라 안팎으로 안 좋은 일이 많았던 한 해였습니다. 전쟁의 참화, 자유의 외침에 대한 가혹한 탄압, 청천벽력 같은 대형 참사, 심화하는 기후 위기… 어두운 터널은 끝이 보이지 않고, 암흑 속에서 우리는 계속 돌부리에 차여 넘어지고 있습니다. 사람과 사람이 서로에게 실망하고 포기하며 각자의 고립 속으로 침몰하고 있지요.

일본 전 총리 암살, 러시아의 이웃 나라 침공, 독일의 재무장, 영국 군주의 사망이라는 제2차 세계대전 전야와 꼭 닮은 형국은 2022년을 회자하는 으스스한 농담이 되었습니다.

이런 시국에 백몇십 년 전의 암울한 역사 이야기를 계속 책으로 내는 일에 어떤 지지를 청할 수 있을는지요. 어두운 시대에, 더 어두웠던 시대를 상기하며 상대적 희망을 논해야 할까요.

조금 어이없는 이야기이긴 한데, 이번 카타르 월드컵 조별 리그에서 한국 대 포르투갈 경기를 볼 때의 일입니다. 경기 시작 5분 만에 포르투갈에 실점하는 실황을 본 저는 바로 TV를 끄고 이불 속으로 몸을 날려 잠으로 도피했습니다. 예상되는 괴로운 장면들을 90분간 지켜보며 스트레스받기 싫었고 폭풍 같은 졸음이 몰려들었고 거실은 추웠고 이불 속은 따뜻했거든요. 기분은 좀 그랬지만, 그 도피는 아주 꿀잠 숙면이었습니다. 자, 다음 날 아침. 자신이 놓친 것이 무엇이었는지 알게 된 불신자는 뭔가 교훈을 좀 얻었을까요.

정말 고전적인 우화가 아닐 수 없습니다. 암울한 전개에도 '꺾이지 않는 마음'을 지켜낸 이들에게는 황금 같은 순간의 보상이, 찬바람 한줄기에 쉽게 마음을 꺾은 이들에게는 땅을 칠 후회가….

끝이 보이지 않는 어두운 터널, 발끝을 계속 후리는 무수한 돌부리들, 이불 속 따뜻한 꿀잠의 유혹, 모두 쉽지 않습니다. 아마 우리 앞에 놓인 시간의 대부분은 그런 암담함으로 가득 차 있겠지요.

하지만 아주 가끔, 인고와 믿음에 대한 보상처럼 빛나는 순간이 찾아오기도 하는 것 같습니다. 그 빛을 갈망하고, 또 추억하는 마음을 앞길의 등불로 삼는 것이 삶이지 싶습니다.

독자분들께서 이번 권을 읽으며 저 19세기 말의 암운 속에서도 순간을 빛으로 불태운 삶들이 있었음을 반추해주신다면, 그것을 제 이불을 걷어낼 따스한 빛줄기로 삼겠습니다.

2022년 12월
굽시니스트

차례

제 1 장

한울님과
나라님

1864년,
동학 교조
최제우가
처형당하고.

1871년,
동학과 손잡은
이필제의 난이
실패하고.

그 엄혹한 시대,
동학 2대 교주 최시형은
충청북도와 강원도
산간 지역에 몸을 숨기고
교리 정비와 교세 확장에 힘써왔다.

한울님은 천하 삼라만상에
다 깃들어 있답니다~
포스트모던한 범신론이죠~

그렇게 거쳐온
30여 년 세월에서
얻은 교훈이 있다면―

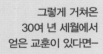

I'm a Cultist!!~♬
세상을 흔들어!!~♪

"나라에 맞서지 마라."

나라는 종교쟁이들이
어떻게 해볼 수 있을 만큼
만만한 게 아님.

가이사의 것은
가이사에게.

나라에 공순하며 천천히
사회 전체에 스며들어
어느샌가 동학으로 물들이는 것이
가장 좋은 천하 방법론이다.

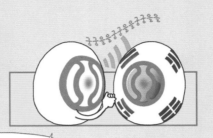

기독교가 로마를
물들였던 선례를 본받아.

이를 위해 1880년대 내내 열심히
포덕(선교) 팸플릿을 찍어
세상에 배포했습니다.

순 한글로 나온 팸플릿이라
꽤 널리 읽혔지요.

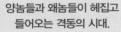

양놈들과 왜놈들이 헤집고
들어오는 격동의 시대.

양반 지주 관료들의
수탈로 백성의 곤궁에
끝이 보이지 않는 시대.

난세 아수라도의 문턱에
서 있다는 불안감이 극에 달한다;;

멘탈 케어가
절실하다;;

조선인들 마음속
유교, 불교, 도교의
《정감록》 기호들을 다 충족시키는
맞춤형 종교 체계!

한 끼에 쌀 한 숟가락씩
덜어 서로 부조합시다~

동학은
그런 백성의
심리적 니즈를
충족시켰고.

동학 조직이 그 신도들에게 제공하는
소속감과 집단 부조의 든든함은
어지러운 세상을 힘겹게 살아가야 하는
백성에게 기댈 언덕이 되어줬지요.

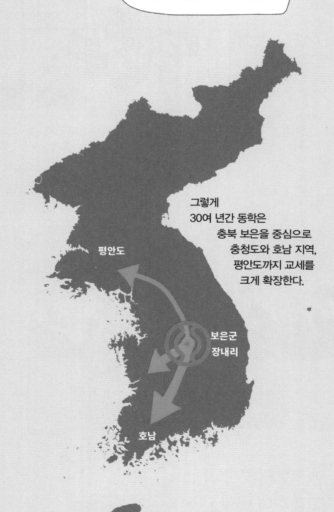

그렇게
30여 년간 동학은
충북 보은을 중심으로
충청도와 호남 지역,
평안도까지 교세를
크게 확장한다.

평안도

보은군
장내리

호남

1887년, 충청북도 보은군 장내리에
동학 교단 센터인 '도소' 건립.

도소의
교주 거처
'법헌'.

이 도소가
곧 '大도소로, '북접'이라
일컬어지게 된다.

동학의 하부 세포 조직은
'접'이라 부르는데요,

接

접은 지역 단위 교구가 아니고
접주 개인이 포덕(선교)해
모은 인맥 단위입니다.

즉 이 접에 속해 있는
도인들은 다 접주 라인
사람들이라는 것.

이 시기 동학 교단은
가톨릭 같은
중앙집권적 체계가 아닌,

하부 조직들─ 접의
자율성, 개별성이 강한
느슨한 교단 체제였다
할 수 있겠습니다.

이 때문에 한 지역에
몇 개의 다른 접들이
겹쳐 존재하기도.

한 접에는 약 30~70호
정도의 가구가 속해 있지요.

이런 접들이 1890년대 초반에
300개 정도 있었던 듯.

그러면 전국 동학교도의
숫자는 대략 10~15만 명 정도라고
추산해도 되려나.

궁궁을을! 나라를
포덕으로 물들이자!

뭐?! 포덕?!
그 포니?!

동학의 이런 교세 확장은
자연스레
관의 눈길을 끌게 되고.

1892년, 충청도 관찰사 조병식
(방곡령 내렸던 그 함경도 관찰사)은
관내 동학 활동에 대한
탄압을 자행.

저 사이비놈들이
모여서 뭔 작당 짓거리들이야?!
동학도놈들 회합 금지!!

아이고,
한울님;;

저 사이비 팸플릿은
다 압수해서 폐기하도록!

이게 다 우리 교조께서 처형당하시고 아직 사면·복권 되지 않으셨는지라, 관에서 동학을 불법 종교 단체로 여기는 게지요.

So, 교조의 사면·복권─ 교조신원운동을 시위와 상소로 크게 벌입시다요!

워, 워, 관에 뻗대는 건 좋은 생각이 아님;; 좀 더 세를 불리고 세상을 물들이며 때를 기다려야 하네.

1892년 11월, 최시형의 반대에도 불구하고 서인주 등의 지도자들은 충청남도 공주에서 대규모 집회 '공주취회' 개최.

조선에서 제일 착하게 살아가는 우리 동학교도들이 왜 이런 탄압을 받아야 하는가!!

교조신원!! 관아에 이 취회의 뜻을 취합해 소를 올린다!!

그렇게 공주취회의 소장이 충청 감영에 전달되고.

우리 교조님, 신원 요청드립니다!

동학 탄압 그만!

얼씨구?

교조신원!!

동학 박해 멈춰!

이에 최시형도 결국 교조신원을 방침으로 정하고, 1892년 12월 전라북도 삼례역에서 삼례취회 개최.

이 삼례취회에서 취합된 소장은 전라 감영에 제출.

교조신원!! 나라에서 양놈들과 조약을 맺어 기독교 같은 서양 종교 선교는 허용해주면서 어째서 조선 종교인 동학은 이리 탄압한단 말이오이까?!

헐;

전라도 관찰사 이경식

음, 지방 수령들이 동학교도들을 법적 근거 없이 박해하는 건 금하도록 하겠소.

근데 교조신원이라든가 종교의 자유 같은 건 서울의 조정 레벨에서 논할 이야기인지라 답해줄 수 없음;

아, 그렇습니까.

그리하여 1893년 3월, 40명의 동학 대표단이 상경해 광화문 앞에서 읍소 시위를 벌이게 된 것.

절대 교조신원해!

크읏; 저 종교쟁이들이 서울에 우글우글 잠입해 있다지?!

What?! 왜?! 집에 갇혀서 빈둥대는 노인네, 그만 좀 건드려라…

그리고 그 배후에는 대원위 대감의 컨트롤이 있다는 얘기가 있지 말입니다~

뭐, 너희의 소원은 잘 알겠으니 집으로 돌아가 생업에 힘쓰도록 하라. 내 성의껏 살펴보겠노라~

일단 저놈들은 좋은 말로 돌려보내고….

성은이 망극하옵니다~

아오!! 저 종교쟁이들이 서울까지 처기어 올라오게 만들다니!! 무능한 인간아!!

일단 동학 대표단이 돌아가자—

저 동학당놈들 경거망동 못 하도록 각 지방 관아에서 똑바로 관리해라!!

동학도들의 상경을 막지 못한 책임을 물어 전라도 관찰사 해임.

이에 지방 수령들의
동학 탄압은
더욱 가중되었으니—

종교의 미몽에서
깨어나게 해줄
이성의 몽둥이 찜질!

나라가
통수 치네!!

와, 나라님
인성 보소….

역시 유약하게는
될 일이 아닙니다!!

우리 세를 확실히
과시합시다요!!

동학의 세를
세상에
똑똑히 보여주자!

1893년 4월,
열받은 동학 교단은 그들 근거지
보은에서 보은취회 개최.

동학도
2만 7천 명 운집.

이 보은취회를 통해 동학은
교단 조직을 덩치에
걸맞게 개편한다.

10~20여 개의 접을
통솔하는 '포' 단위를 신설.

包

포포포~
포~ 포~

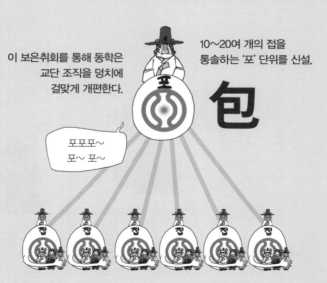

이 포의 지도자는 '대접주'라 호칭.
보은취회에서 19명의 대접주가 임명된다.

大주접 아님.

그리고 여기서 '척왜양'을
새로운 테제로 채택!

斥倭洋

왜놈. 양놈!
조선 땅에서
물러나라!!

아니, 뜬금없이 갑자기
뭔 반제국주의 흉내여;

사람들 많이 모여서
뜻을 모으니 이런
구호가 나온 거다!!

이 보은취회에 모인
2만 7천 명의 무리가 계속
기세를 올리고.

충청 감영은
서울에 긴급 전보.

동학당 2만 7천 명 기세등등!
곧 서울로 올라갈
기세입니다!

2만 7천 명이 그냥 막 모여?!;;
그리고 서울로 올라와??;;

이건 진짜
아무리 생각해도
영감탱이 냄새가 찐하다!!!

노인네가 죽기 전에
어떻게든 준용이한테
익선관 씌워주려고
발악하는 모양인데….

이준용은 일찍부터
대원군이 밀어주는
왕위 후보로 여겨졌고.

대원군의 장남인
이재면의 장남

이준용(24세)

우리 집안
적장손~!

1892년, 민씨네가
이준용을 제거하려고
운현궁에 폭탄 테러를
벌였다는 설도.

BOOM

쿡; 민승호의
복수인 게냐!

사실 임금이 대원군과 이준용에게 의심을 거두지 않는 건 나름의 첩보망을 통해 듣는 얘기가 있기 때문이겠지요.

동학당이 곧 크게 한 건 터뜨릴 것이니….

음… 그걸 기회 삼아 서울에서….

· · · · ·

운현궁에 동학쟁이들이 들락거린다지 말입니다.

임금의 의심은 망상일 수도 있지만,
나름 소스를 갖춘 추론일 수도 있겠습니다.

저 동학당놈들이 난을 준비하는 모양인데 이를 진압하는 데 정신 팔려 서울의 방비를 소홀히 할 수 없소이다.

서울에서 분명 뭔가 터질 듯.

So, 정국 안정을 위해 이 참에 **청국 군대**를 다시 청해오면 어떨는지….

아니, 그 왜, 예전에
청나라에서도 태평천국
종교쟁이들 진압하는 데
영국군 힘을 빌렸다던데….

아이고오!! 주상께서 오늘
커피를 너무 많이
드신 것 같은데 말이죠!!

조정 전체의 반대로
청군 청병은 무산.

청병을 공짜로 부를 수 없습니다!
군량 비용 없습니다!!
원세개도 반대했답디다!!
텐진조약 체제의 안정이 뭔지
다시 공부해봅시다!

마침 충청도에 출장 가 있던
어윤중을 양호선무사로 보은에 파견.

가서 백성
달래보라는
임무.

왁후 구춍남

이와 함께
만일의 사태에 대비해
장위영 병력 600명과
개틀링 건 3문도 뒤따르게 한다.

장위영 정령관 홍계훈

1893년 5월 11일,
어윤중은 보은의
동학 지도부와 회담.

지방 수령들의
동학 박해 멈춰주세요!

탐관오리가
드글드글해요!

으악,
박해 금지
공문 띄움.

지주들이 호포를
농민들 소작료에
전가해요!!

폐단 시정을
조정에서
논의할 것.

민씨 정권
몰아내야죠!

왜놈, 양놈
몰아냅시다!

자, 자, 주상께서 이리 친히 전보로 윤음을 내리셨으니 소란을 멀리하고 생업에 힘쓴다면 곧 조정에서 조치들이 있을 것이오.

성은이 망극하옵니다~!

아마도 최초의 전보 윤음.

5월 16일,
어윤중의 위무(와 개틀링 건의 위엄으)로
보은취회 해산.

집에 가자~

구체적으로 뭘 해보자는 것도 아니었으니.

한 건 해결이군요.

후, 조선판 종교전쟁, 농민전쟁 터질 뻔한 위기를 무사히 넘겼음;;

정말 이 천하 누란지위 형국에 뭐가 터진다면 종묘사직이 흔들릴 대란이 되겠지요.

전라도
고부군 →
Gobu   172km

굽씨의 오만잡상

동학의 경전 《동경대전》은 최제우가 남긴 가르침을 최시형이 정리해 내놓은 책이고, 《용담유사》는 동학의 교리를 알기 쉽게 국문으로 풀이한 책입니다. 《동경대전》에서 이르기를 "이 가르침은 학문으로는 '동학'이며 도로는 '천도'니라"라고 하여 동학과 천도교라는 종교 명칭이 탄생했다고 합니다. 전통적인 유불선에 서학까지 참조해 만들어진 동학은, 그 참조 대상들의 한계를 넘어서려는 노력이 돋보이는 종교철학이라 하겠습니다. 백성에게 내재화되어 있는 충효와 인의예지의 유교적 덕목을 바탕에 깔았지만, 제사상은 맑은 물 한 그릇으로 족하다는 가르침처럼 유교의 허례허식을 비판하는 모양새가 있지요. 서학, 즉 기독교에서의 목적론적 인격신 야훼에 대비되는 동학의 한울님은 두루뭉술 무궁하게 만물에 깃든 영성으로 여겨집니다. 또한 동학의 사후관은 천국과 지옥 같은 내세를 설정하지 않지요. 죽음은 생명의 근원인 우주 그 자체로의 회귀. 그래서 동학에서는 죽음을 '환원'이라 일컫습니다. 사람이 곧 하늘이라는 인본주의적 범신론 등 매우 세련된 교리를 가진 동학은 시대를 잘 만났다면 꽤 큰 성취를 이룰 만한 좋은 종교였겠지만, 19세기는 이미 종교로 뭔가를 이룰 만한 시대가 아니었다는 부분이 아쉽다 하겠습니다.

제 2 장

남으로

동학 보은취회 해산 후,
어윤중은 조정에 보고서를 올린다.

저들 무리 수만이 모인 것은
단순히 종교의 허황됨을 좇아
저리된 것이 아닙니다.

이 땅에 천국 건설!!
만주 귀족 다 죽여라!!

일단 미친 광신도
종교 반란쟁이들과
같은 부류는 아닌 듯.

조정의 신하를 공대하고,
나라님의 윤음에 감읍해 눈물 흘리는
충량한 백성인 것 같은데….

Long live
the King~!

뜻이 꺾인 사람들, 사업 실패한 사람들,
탐관오리에게 다 털린 사람들, 자연인들 등등
단순히 종교 때문에 모인 사람들이 아닙니다.

과거 9수생

주갱얼

지망생 등등

그렇게 모여 스스로 '민회'라 일컫고
나라에 시정의 폐단들을 조목조목 고하니.

온갖 잡세가 다
소작료에 전가됨요;

탐관오리들이
너무 잔학해요;

돈 밀리면 지주가
여식들을 취합니다;

이들을 '민당'이라고
할 수 있겠습니다.

민다아아앙?!!
민회에에에에에에에?!

민씨네 당?

보고서에 어윤중이 사용한
'민당'이라는 워딩으로
작은 논란 발생.

민당?! 민다아아앙?!!
예로부터 백성이 당을
이루어 나랏일을 엿볼 경우,
모두 참할 뿐입니다!!

승지 이건창

특히 '민당'이라는 단어는 서양에서 정치를 뜻대로
하기 위해 백성이 무리 짓는 것을 뜻하는 말인데!

무리 지은 김에
임금 목도 함
Cut해보고~!

참람하게도 이 조선 땅에서 감히
백성이 '민당'이라는 단어를 쓸 수 있는가?!

조선에서도 민당이
정치 좀 해봅시다~

임금님 목은
안 건드릴게요…

어윤중 저 인간이 서양빠가 되어놓아서,
서양의 불충한 정치 체제를 흠모해
은근슬쩍 조선에도 민당 담론을
들이려는 모양인데—

ㅎㅎ; 민당은 세계사적으로
보편적인 현상인 듯요~

그 음습한 속셈이 일전의
개화당 무리와 동류인 어윤중을
천리 밖으로 쫓아내시옵소서!!

이처럼 서양식 민당 개념 자체가
조선 시스템에 대한
반역이라 여기는 반응도 있고.

소중화 儒토피아 조선에
천박한 오랑캐 이데올로기
묻히지 마라!

개화쪽으로 머리가 좀 트인
김윤식 같은 사람은—

어윤중이
민당 운운?

(원세개와 너무 친한 죄로
충남 당진에 유배 中.)

괘소리 자제 좀!!!
동학 종교쟁이 무리가
뭔 민당이여!!?!

황건적 이래 동양사에
차고 넘치는 흔하디흔한
종교 난당이지!!!!

(이하 픽션)
정녕 저 서양 '민당'을 이루는 부르주아
신사들과 동학쟁이들이

'민당' 카테고리로 함께 엮일
뭔가가 보이남??!?

동학과 데모크라시 사이에 공통점은
첫 글자가 'ㄷ'이라는 점뿐이지!!

척양 척왜를 외치는 저 동학쟁이들이
평생 서양 데모크라시 민당의
그 어떤 개념이라도 접해본 일 있겠냐?!

Democracy

서양에서 건너온 것들은
다 마귀 사탄 물건이다~

이 땅에 진짜 데모크라시 민당이
등장하려면 100년은 이르다!!!

데모크라시 맹아론 같은 거
빨다가 피똥 싼다!!

아니, 거, 민당 같은 거
서양식과 다른 경로로 수렴진화
할 수도 있는 거지! 뭐 저리
완고하게 열 내고 난리래. 흥!

그리 임무를 마친 후
어윤중은 민당 논란도 있고
다른 탄핵 사유도 좀 있고 해서
잠시 유배行.

의외로 당시 일본 자유당계 일각에서는
어윤중의 민당 워딩을 높이 평가하기도.

아, 그런데, 민당이라고 일컬은
대충 말 통하는 사람들은 저 보은취회의
동학 중앙교단, 즉 북접 사람들이고.

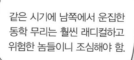

같은 시기에 남쪽에서 운집한
동학 무리는 훨씬 래디컬하고
위험한 놈들이니 조심해야 함.

1893년 5월, 충북 보은에서
동학 중앙교단의 보은취회가
열리고 있을 때,

● 서울

보은

김제

전라북도 김제 원평에서도
원평취회가 이어서 열린다.

이 원평취회에는 동학교도뿐 아니라
온갖 잡다한 세력이 함께 운집.

이딴 썩은 나라
엎어버려!!

사람 모이면
난 터지는 법!

유랑민, 천민, 도참 광인, 직업 민란꾼, 불교 세력 등등.

이 원평취회를 개최한
남도 동학의 대접주들은
동학 중앙교단의 통제에서
상당히 벗어나 있었는지라―

이 원평취회 주최 세력을 보은의
중앙교단인 북접과 비교해
'**남접**'이라고들 일컫지요.

이들 대접주는 산하에
20개 이상의 접을 거느린
거대 포 조직의 수장들.

태인 대접주
김개남(40세)

정읍 대접주
손화중(32세)

원평 대접주
김덕명(48세)

김덕명 포 산하
고부 접주
전봉준(38세)

어;; 우리 교도들이
모이는 게 평화적으로
교조신원 호소하려고
모인거라는 거 잊지 말도록.

북접 보은취회에서는
사람들이 모두
비무장으로 모였지만

아니, 근데 거기 남쪽은
어째 동학교도들 아닌
사람들이 그리 많어?;;

남접 원평취회의 분위기는
매우 무장투쟁적이었다고.

예? 거, 멀어서
잘 안 들리네~
여차하면 서울로 ㄱㄱ!

꽤나 거사 결단적 분위기도
진행되었다고 하는데—

육로는 쉽지 않으니
배 빌려서 인천을 통해
서울로 들어가는 게 좋을 듯.

사람이 이렇게 모인 것이
곧 천시!
올라가서 다 엎어버려!

아니, 뭐,
인간들이 모이기만 하면
맨날 거사 어쩌고여;;

그런데 원평취회에도 곧 보은취회의
해산 소식이 전해지고.

해산! 해산!

이에 원평취회도 바로 해산.

어이쿠, 보은에서 해산했는데
우리만 뭉개고
있을 순 없지;

지도부는 지레 겁먹고 남도 내륙으로 흩어져 몸을 숨긴다.

언제가 되었든 좋은 아이템 있으면 꼭 부를 테니 함께 해불자고!

ㅇㅇ! 큰 거 한 방!

그리 몸을 숨기며 돌아다닐 때도 전봉준은 지역 걸물들과 교류하며 결맹 결의들을 이어갔으니.

수업 시간에 처자지 말고~

전봉준은 원래 고부 지역의 서당 훈장으로 학식이 있는 자였고.

동시에 약방도 운영하는 약사였고.

졸릴 때는 원두 커피, 아니 녹두 커피가 나른한 오후를 깨운다!

녹두 형님, 이번에 나오는 셋째 애 이름을….

열 살까진 무조건 개똥이여.

지역민들에게 대필, 법률 조언, 풍수, 작명 등등을 제공하는 논두렁 지식인.

곧은 심성과 신실한 태도,
교양과 큰 뜻으로 친교를 늘리고
인맥을 가꾸는 데
매우 비범한 사람.

녹두 선생~

녹두 형님~

녹두 보살~

녹두 상~

동학 조직도 그런 맥락에서
나랑 잘 맞았다랄까요~

그렇게 원평취회에 참석하고 각지를
돌아다니다가 고부로 돌아왔는데─

아이고!
용규 아빠!!

으의, 내 왔소.
음청 반가운갑네. ㅎ

아니, 반가운 게
문제가 아니라!!

당신 나가 있는 동안
아버님이 잡혀가셨소!!!

헠;?! 어쩌다?
뭐가 걸린 거지?!

조병갑이한테
개겼다고!!

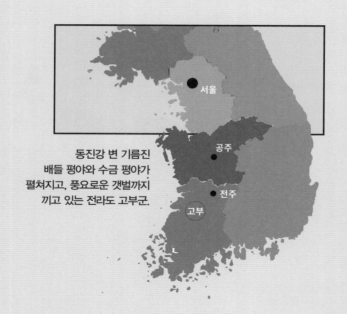

동진강 변 기름진
배들 평야와 수금 평야가
펼쳐지고, 풍요로운 갯벌까지
끼고 있는 전라도 고부군.

하지만 아직 놀고 있는 땅이
이렇게 많다니, 아깝군요~

고부 군수 조병갑

자, 이 황무지를 님들 마을에
맡길 테니 마음껏 개간해 소출을
내서 부자가 되어보세요!

아니; 저기, 여긴
갯벌 근처 소금진 땅이라
개간 불가능 황무지인데요;

하면 된다!!
임파서블 이즈 나씽!

그렇게 황무지 개간
사업을 떠넘긴 다음—

하아;
억지로 맡긴 했는데;
19세기 기술로는 도저히
개간 불가능한 땅임;;

다음 해.

황무지 개간해서
소출이 나왔겠죠?
거기에 대한 세금을 내시오.

아니; 소출은 개뿔;;
삽도 못 댄 소금 땅에
뭔 개소리예요?!

개간했다는 사실이 있으니
소출이 나올 것도 사실이고,
거기에 세금이
나오는 것도 사실이다.

허허~ 백성이 농사 문제로
고민이 많은가 본데, 농수 문제를
해결할 다목적 보를 건설하면 어떨까요?!

물부족 국가 탈출!
선진 농업 창달!

백성 노력 동원으로
만석보 건설.

1893년, 정읍천과
태인천 합류 지점에
만석보 완공!

쌀 만 석을 만들어낼
훌륭한 보입니다~!

그리고 당연히 고부 군민들에게
만석보의 물세 부과.

안정적인
수자원 관리를 위해
모두 힘을 보탭시다!

아니, 우리 집은 저 보의
물 쓰지도 않는데?!

고부 군민 전체에 N빵하는
물세니까 걍 TV 수신료 내는
느낌으로 내라, 좀.

대동미 징수에서는―

요즘에는
조운을 기선으로 하는지라
운송 요금이 많이 붙네요~

대동미 한 섬당

+ 운송 요금 석 되(30%)
+ 도정비 석 되(30%)
+ 손망실 보정 석 되(30%)

임오군란이 저런 인간들
때문에 일어난 거려나;;

물론 새 쌀은 사또가 쓱싹하고
헌 쌀과 겨를 채워 서울로 올려 보냄.

여기에 삼정의 문란 어쩌고는
그냥 디폴트 값으로 깔려 있고!

고부 백성의 도탄은
극에 달한다!!

아니, 진짜 이렇게는 안 되겠음;;

올가을 세금 걷고 나면 이번 겨울에 고부 사람 다 뒤질 일만 남을 듯;;

1893년 가을, 버티다 못 한 고부 백성은 중지를 모았고.

백성의 하소연을 담은 등소가 고부 관아에 전달된다.

등소 접수하러 왔습니다~!

번호표 뽑으시고.

백성 대표 3명 중 장두는 전창혁(전봉준의 아버지)

워우;; 관이 이리 물렁 만만하니 악성 민원인들의 을질 민원이 끊이질 않는군요;;

· · · · ·

악성 민원인들은 다 마음의 병이 있어서 저러는 걸까요.

마침 마음의 병에 특효약이라는 몽둥이 찜질이 준비되어 있군요!!

굽씨의 오만잡상

지방에서 조세로 걷은 쌀을 서울로 올려 보내는 조운은 조선 말에 이르러 현금 통합세인 도결의 확산으로 그 중요성과 규모가 감소하긴 했지만, 그래도 여전히 조세 제도의 중요한 일익을 담당하고 있었습니다. 각 지역 조창으로 모인 세곡이 조운선을 통해 서울로 이송되는데, 당연히 그 운송과 보관에는 상당한 비용과 노력이 소모되었습니다. 특히 조운선이 난파되기라도 하면 그 손해는 실로 지대한 것이었지요. 그리하여 조운 개혁에 대한 논의가 계속 있어왔고, 개항 이후로는 기선을 이용한 조운이 이루어지게 되었습니다. 1883년 설립된 전운서는 1886년 전운국으로 개칭, 기선들을 구입하고 대여하며 조운 업무를 도맡았습니다. 하지만 그 운영이 방만하고 기선의 구입과 대여에 돈이 많이 들었기에, 조운에 들어가는 비용이 오히려 더 과중해진 바가 있었습니다. 이에 1892년 민영화 조치로 관민 합자회사인 이운사가 설립되어 조운 업무를 맡게 되었습니다. 하지만 조운 비용은 계속 과중하게 책정되었고 그 비용을 납세자들에게 전가하니, 이운사에 대한 백성의 원성이 하늘을 찔렀습니다. 동학농민군이 요구한 폐정 개혁안 중에 이운사의 폐지가 포함될 정도였습니다. 결국 1895년 조세 전면 현금화 개혁으로 조운 제도가 폐지되면서 그 모든 번거로움이 사라지게 되었습니다. 이미 조운 하청을 맡아 왔던 대형 미곡상들이 조선 쌀 물류의 주역으로 자리를 굳힌 지 오래인 시점이기도 했지요.

제 3 장

고부민란

조병갑은 등소 시위 주동자
3명을 바로 체포.

이들을
고부 관아에서 두들겨 패고
전라 감영으로 보냈다가
다시 고부 관아로 돌아온 걸
또 두들겨 패고.

그리 고초를 겪고 나온 전창혁은
크게 몸이 상했고.

결국 1893년 8월 3일,
전봉준의 부친 전창혁 사망.

이 억울함은 전씨네만의 것이 아닌 고부 군민 전체의 것일지니!!

부친의 원한을 갚기 위해서라도 들고일어나야 하겠구먼!!

아니, 어차피 조병갑 임기가 다 된 시점이라… 타이밍이 별로 안 맞네요….

아오, 임기 끝난 걸 다행으로 여기시고.

1894년 1월 6일, 조병갑은 고부 군수 임기를 마치고 익산 군수로 전임 발령.

고부에서 또 눈에 띄지 마쇼잉.

흠….

하지만 아직 고부에서 빨아야 할 꿀이 많이 남아 있다고 계산한 조병갑은ㅡ

어휴, 고부 쪽 사업이 정리 안 된 게 많아서 역시 하던 사람이 마무리 짓고 싶습니다만~

상부에 능숙하게 로비질을 시전.

오ㅋ~! 아주 책임감 넘치는 목민관이구먼!

Miss me?!

우린 2년 더 한다!! ㅎㅎ

예아~!
2년 더 한다고!!

1894년 2월, 한 달 만에
다시 고부 군수직으로 돌아온다.

꼬아아아아아악??!

고부 지역 유지들은
황망하게 대책 회의 소집.

으어어어어;;

송두호 저택

이번에는 진짜
봉기각입니다.

지역 부호 송두호
(전봉준의 후원자)

상복 입고 다님

봉기에는 언제나
역사와 전통의
사발통문!!

044

주모자가 누군지 알 수 없도록 고부 지역 유지들이
사발통문을 돌려 써서 작성하고.

조병갑 처단!!
군수 창고 점거!!
서울로 진격!!
(what?)

근데 사발통문, 모양 맞춰
쓰기 은근히 어려움.

이를 고부 전 지역에
비밀리에 회람.

(변란 모의
롤링 페이퍼입니다~)

1894년 2월 15일(음력 1월 10일) 밤,
예동 공터

Go 고부!!
고부 고부 Go Go!!

고부 군민 수천이 예정대로 운집.

2월 16일 새벽, 고부 관아 습격.

고오오오오오!!!!!
뷰우우우우!!!!!

Let's 고부gie~♫
don't worry go~!
Let's 고부gie♪ Party time~!

조병갑, ㅈㅂ甲 새퀴
튀어 나오라 그래!!

조병갑은 습격 직전
잽싸게 전주로 도주.

군민들이 원수로 여기던
만석보도 폭♡파.

으어어; 이 무슨 좀비 사태;;
새벽의 저주…
아니, 새벽의 전주로 ㅌㅌ;

문자 그대로
봇물 터진다!

민란 지도부는
말목 장터에 장두청을 두고
전봉준이 장두로 좌정.

관고 열어서 보세미를
백성에게 방출했고.

⋯⋯

아전들도
몇 놈 처단했고.

이제 옆 동네 함열의
조세미 창고를
털러 갑시다!!

워워, 캄 다운~
Easy요~ 녹두 장군~

군 경계를 넘어서 다른 고을로
쳐들어가면 그때부턴 민란이 아니라
진짜 역적이 되는 거라고요;;

고부 지역 부호-
지주들에게
이 고부민란은
어디까지나
조선 후기의
보편 Normal 민란.

어휴, 탐관오리의
탐학이 너무 심해서~
좀 오버했습니다;;

○○. 주상께서 하해와 같은
아량으로 이해해주심.

대충 조정과 사바사바
잘 마무리하는 게 Best.

지주들 삥뜯던 탐관오리를
내쫓는 걸로 목표 달성.

대가로 민란 주동자의 목을 내줌.

· · · · · ·

But, 제 생각은 말입니다,
이 고부민란을 불씨 삼아
작년 동학 취회에 운집했던
거대 불만 세력을 규합해 거사로
폭발시켜야 한다고 생각합니다.

고작 지역 민란 해프닝 결말을 위해
모가지 내놓을 생각 1도 없고요.

그런 맥락에서—

고부 읍내는 방어에 불리하니 인근 언덕 백산에 토성을 쌓는다!!

백산에 토성을 쌓고 관군에 맞서 싸울 꿍꿍이 만땅.

Meanwhile,
전주 감영으로 도주한 조병갑은—

군사 100명만 주시면 제가 바로 고부를 평정하겠습니다요;;

관찰사는 조병갑의 청을 씹고.

개소리 뮤트하고 찌그러져 있으시고.

전라도 관찰사 김문현

고부에 사람을 보내서 상황을 살펴보도록 하라!

포교 정석희와 포졸 몇 명이 고부行.

고부에 아는 사람 많지.

어휴, 정프로~ 큰일 할 사람이 큰물에서 놀아야 하지 않겠남?

녹두 형님 가시는 길이 제 길이죠~ㅎㅎ

고부에서 전봉준을 만난 포교 정석희는 1200냥을 받고 전봉준 세력에 이중첩자로 포섭된다.

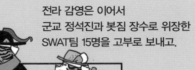

전라 감영은 이어서
군교 정석진과 봇짐 장수로 위장한
SWAT팀 15명을 고부로 보내고,

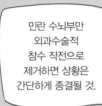

민란 수뇌부만
외과수술적
참수 작전으로
제거하면 상황은
간단하게 종결될 것.

정체를 들킨 정석진은
고부 군민들에게 맞아 죽는다.

거 쓰잘데기없는
수작 부리지 말고,
조정 나오라 그러쇼.

으음; 전주 감영
선에서 안 끝나겠구나;;

슬슬 사태 파악에 나선 조정은
3월 말부터 조치에 나선다.

전라도 관찰사 김문형은
문책, 감봉하고
조병갑은 파직, 구속.

뀨잉;

뭐, 잠깐
옷 벗겠군요.

용안 현감 박원명을
고부 군수로 전임.

ㅎㅎ, 덕분에
승진했네요~

장흥 부사 이용태를 안핵사(민란 뒤처리)로 고부에 파견.

원, 지난 회차 다 보고 왔는지라
탐관오리의 수탈에 얼마나
고통이 컸을지 다 이해함요~

4월, 고부에 부임한 박원명은
유화책 시전.

소를 잡아 잔치를 열고 술을 나누며
고부 군민들을 위무한다.

앞으로는 그런 폐단
없을 것을 약속!

그렇다면
고부도 고부고분!

고부민란을 그냥 평범한 민란으로 마무리 짓고자 하는 지역 유지들의 손바닥과

고부민란을 그냥 평범한 민란으로 마무리 짓고자 하는 신임 군수의 손바닥이

짝~♡

잘 마주쳐 손뼉 소리가 경쾌하게 나는 듯.

아, 근데 그래도 주모자 모가지는 필요한데;;

민란이 이렇게 수그러드는 분위기로 가자 전봉준은 무리를 해산하고 잠적.

흠, 아직은 때가 아니었나….

뭐, 아무튼 대충 이 정도로 한 건 해결– 이라는 느낌으로 마무리?

ㄴ ㄴ ㄴ ㄴ ㄴ !!!!!

이 난을 꾸민 동학 수괴 모가지도 없이 무슨 마무리?!!

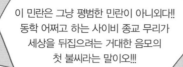

이 민란은 그냥 평범한 민란이 아니외다!!
동학 어쩌고 하는 사이비 종교 무리가
세상을 뒤집으려는 거대한 음모의
첫 불씨라는 말이오!!!

아니, 뭐 그리
오버를;; 유럽도
다녀오신 분이;;

유럽 다녀온 덕분에!!
저런 미개한 종교 반란 무리를
국가의 힘으로 철저히 뭉개야만
강력한 근대국가로 발전할 수 있다는
식견을 갖게 되었지요!!

그리하여 4월부터
이용태는 데려온 역졸
800여 명을 풀어
고부 전역을
뒤집기 시작한다.

동학도놈들
다 잡아들예!!

'전봉준
개객기' 해봐!

반항하면
즉결 사살!!

도망간 놈은
가족을 족체!!

약탈!!

방화!!!

제노사이드다!!!

고부 지역사회를 강타한
예상치 못했던 국가 폭력.

052

…거사의 발화점을
나라가 스스로
풀무질하는구나….

고부민란을 그냥 흔한 민란으로
조용히 마무리 짓고자 했던
두 손바닥의 손뼉은
이 시대에 어울리지 않는
유약한 것이었고.

이제 고부에서
천하대란을 예감하는
두 손바닥이 마주친다!

이 민란은 나라를 엎으려는
동학 무리의 천하대란
도화선의 불꽃이다!!

이 민란은 나라를 한번
갈아엎는 천하대란의
첫 불씨가 될 것이다!!

짝

굽씨의 오만잡상

고부의 탐관오리 조병갑은 훗날 고등재판소 법관으로서 최시형에게 사형선고를 내리는 등 관운을 회복, 잘 살다 갔다 하고···. 또한 고부에 내려와 가혹한 탄압으로 민란의 불길에 기름을 부은 안핵사 이용태는 유럽 주재 참찬관을 지낸 엘리트 관료로 이후 미국 공사, 육군부장 등 여러 고위직을 역임했습니다. 그는 구한말 일진회와 정치적 적대 관계에 있었고 을사오적에 대한 처단을 주창하는 등 일견 바른 행보를 보이기도 했지만, 결국 한일합방에 찬동하고 일제에 조선귀족 남작 작위와 여러 훈장을 받는 등 친일 매국노로 역사에 이름을 남기게 되었습니다. 이처럼 시대의 트롤들이 부귀영화와 천수를 누리며 살다 간 사례들을 보면 역사에서 정의구현은 참으로 찾아보기 어려운 것이지 싶습니다.

제 4 장

황토재

무리 50여 명과 함께 무장으로 내려간 전봉준은—

다시 츄라이 츄라이!

음~ 녹두 향기~

그곳 동학 지도자인 오시영의 도움을 얻어 세를 규합.

그리고 다시 봉기를 획책, 전북에서 가장 큰 무리를 이끄는 정읍 대접주 손화중을 설득한다.

안핵사 이용태의 핍박으로 고부 군민과 동학 신도들이 모두 어육으로 뭉개지는 판에 어찌 거사를 꾸물거리겠소이까?!

흠;;

대접주께서 지니신 검단선사의 비결록이 지금 이 천시를 예언하고 있지 않습니까?!

아, 그 비결록요….

검단선사께서 저 마애불 배꼽 감실에 예언서인 비결록을 숨겨놓으셨지요.

전북 고창 선운사 마애불에는 비결록의 전설이 전해 내려오고 있었으니.

오!

예전에 전라감사 이서구가 감실을 열어봤다가 천둥 번개가 일어 바로 닫았는데,

그때 얼핏 본 비결록 첫 페이지에 '전라감사 이서구가 열어본다' 라고 쓰여 있었다지요.

개꿀잼 몰카인가?!

진짜 있네?!

1892년, 손화중은 부하 300명을 이끌고 선운사로 쳐들어가 마애불의 배꼽을 열고 비결록을 탈취.

이에 손화중이 비결록이 점지한 진인이라는 소문이 전북 지방에 쫙 퍼져 수만의 무리가 동학에 입도, 손화중을 따르게 되었다고.

선운사 마애불 배꼽이 열리면 한양이 망한다지!!!

아니, 근데 비결록에 무슨 예언 같은 거 진짜 쓰여 있읍디까?

글자는 없고 이상한 숫자들만 가득 쓰여 있지요. 암호인가….

정읍 대접주 손화중과 태인 대접주 김개남의 협조를 얻는 데 성공한 전봉준은 1894년 4월 무장에서 다시 창의!

무장에서 무장봉기!!!

창의 포고문이 곧 지역 각지로 배포되고.

우리는 비록 초야의 유민이나 임금의 땅에서 임금의 옷을 입고 있으니 망국의 꼬라지를 좌시할 수 없노라!

백성은 나라의 근본! 가렴주구 탐관오리 박멸! 임금 주변의 국정 파탄 세도가 축출!

오, 꽤 거창하게 국가적 규모의 거사를 표방하고 있구먼.

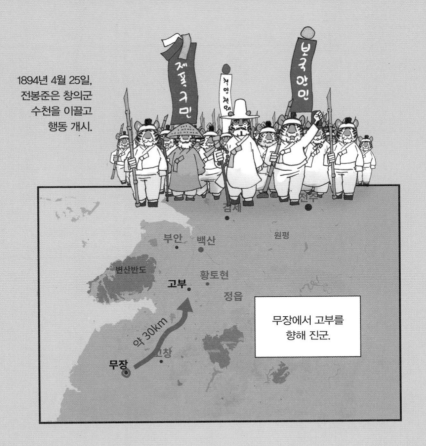

1894년 4월 25일,
전봉준은 창의군
수천을 이끌고
행동 개시.

무장에서 고부를
향해 진군.

1894년 4월 27일, 농민군 고부 입성.

저것들, 진짜
역적이라고
내 말했지?!!

안핵사 이용태와 군수
박원명은 일찌감치 도주.

아오:; 그걸 왜
부추기냐고요:;

이후 지역 각지에서
구름같이 몰려든 무리는
백산에 집결.

전주

김제

부안 **백산** 원평

변산반도 황토현

고부 정읍

무장 고창

4월 30일,
1만여 명의 무리가
죽창을 들고 백산에
모여 대집회를 열었으니.

그 수많은 사람이—

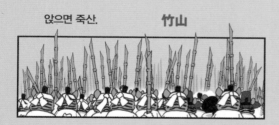

서면 백산. 白山

앉으면 죽산. 竹山

누우면 편함.

이 백산 집회에서 농민군 사령부 정식 구성.

총대장 전봉준

총관령
손화중

총관령
김개남

가장 많은 무장 병력을 이끄는 리더들.

총참모
김덕명

총참모
오시영

나이 좀 있는 지역 동학의 Elder들.

영솔장
최경선

전봉준의 오른팔
돌격대장.

비서 송희옥

비서 정백현

서울과 북접, 기타 지역, 세력과의 대외 연락·교섭 담당.

글빨 좋은 문장가로 농민군의 각종 성명서, 캐치프레이즈를 맡아 작성했다.

그리 작성해 뿌린 농민군 4개 행동 강령이 있습니다―

1. 사람 함부로 해치지 말고, 가축 함부로 잡지 말고.

각종 물자는 지역민들에게서 현금으로 구입하기.

2. 충효를 다해 세상을 구제하고 백성을 평안히.

God save the King!

우린 역적이 아닌 충량한 의병이오!

삼강오륜의 사회 보편 윤리를 충실히 따르지요!

3. 멸왜!

조선은 우리가 지킨다! 족바리, 키에로!!

아니, 농민 반란이 왜 대외 이슈를;;

반제·반봉건

反제국주의·反봉건주의 투쟁이 역사에 멋지게 남을 거거든요.

4. 서울 진공! 세도가 토멸!

민씨놈들 딱 기다려.

민란이 아니라 진짜 반란이네;;

아니 왜 우릴 콕 찝냐;;

농민군에 모여든 무리는 저마다 가지각색의 군상들.

동학 핍박에 떨쳐 일어난 동학교도.

관의 수탈로 망하게 생긴 농민.

지주에게 쫓겨난 유랑민.

이런 이들이 이미 몇년 전부터 비밀결사 비스므리하게 연대해오고 있었다.

세상 뒤집어질 때가 왔다고 확신한 룸펜.

이렇게 만 단위 세를 이룬 농민군의 준동이
고부에서 인근 부안, 원평까지 이어지고.

고부 사태가 결국 진짜
大반란이 되어가는 건가;;

전라도 관찰사 김문현

그리되기 전에 빨리 밟아야지!!
전주 무남영 숯 병력 출동!!

5월 8일, 전주에서
전라 감영군
약 2천 명 출동.

영관 이경호

신식 군대인 친군영의
전라도 지방군으로 작년에
설립된 게 무남영이긴 한데;;

실제 무남영 병력은 700명.

스나이더 소총도 있다~

여기에 지역 장정들을 긴급 소집한 향병 600명.

우리까지 가니까 이기겠지요?

여기에 백정, 관노, 박수 무당까지 동원한 잡색군 수백 명.

우리까지 가는 건 망할 판이란 얘기지;;

지역 보부상 수백 명도 동원.

이렇게 총합 약 2천 명.

이리 급조되어 군기 빠진 감영군은 온갖 패악을 부리며 행군.

$@#; 오합지졸 무뢰배놈들 필패 기원!!

5월 10일, 비가 내리는 가운데 감영군은 화호나루에서 동진강 도하.

역적놈들 게 섰거라!!

전봉준은 화호나루에 소수의 병력을 보내 살짝 싸우는 척하다가—

이쪽으로 살살 몰아오도록.

감영군은 온종일 비를 맞으며 진흙탕을 행군해야 했고.

봄비에 농사는 잘되겠구먼.

뭐, 일단 오늘은 여기까지.
대충 여기서 숙영하자.

저녁이 되어 행군을 멈추고
야트막한 언덕 아래 진을 친다.

감영군 숙영지 앞에 위치한 언덕 황토재.

...... 그 황토재에 수천의 농민군이 매복 中.

밤이 되자 비도 멎고,
감영군 병사들은 곳곳에
모닥불을 피워
몸을 말린다.

병사들의 사기를 위해
소도 잡고, 술도 내리고.

이런 군 생활이라면
나름 할 만한데?

그렇게 술과 고기로 캠프 파티를 벌이고
모두가 잠든 5월 11일 새벽.

지휘관
이경호도 피살.

그렇게
전라 감영군은 200여 구의
시신을 남기고 와해.

지역민들의
증언에 따르면 1천 명의 관군이 사살되어
황토재 주변 논이 온통 피로 물들었다고도.

반란의 기세가
남도 전역을
쩌렁쩌렁 울리다!!

굽씨의 오만잡상

동학농민군의 선봉에 나선 12~13세의 어느 소년. 붉은 옷을 입고 오른손에는 칼, 왼손에는 죽창을 든 채 범과 같이 관군 진중으로 돌격! 좌충우돌 수십 명의 관병을 해치우며 동학농민군의 용기를 북돋아 전투를 대승으로 이끕니다. 그런데 전투가 끝나고 보니 소년의 자취는 온데간데 찾아볼 수 없어, 당시 뭇사람이 '천강홍의소년', 즉 하늘이 내린 빨간 옷의 소년이라 일컬으며 기이하게 여겼다고 합니다. 이 설화는 당시 동학농민군의 사기 진작을 위해 유포된 썰이라고도 하고, 어느 정도 실제 모델이 있는 이야기라고도 하고요. 그런데 또 다른 전승에서는 반대로 동학농민군 토벌에 나선 민보군의 15세 소년 안승군을 사람들이 '천강홍의장군'이라 불렀다고 하니, 두 진영 간 도시전설 레벨에서의 프로파간다 싸움도 치열했음을 짐작할 수 있겠습니다.

제 5 장

황룡촌

황토재 전투 며칠 전.

조정에서는 동학농민군이
고부를 점령한 시점에서
이미 사태의 심각성을
보고받고.

다른 지역에서
무리를 이끌고 와서
재개봉이라니;;

평범한 민란이
아닌가 본데;;;

일단 전라도 관찰사
김문현은 해임하고.

과잉 대응으로
난을 부추긴 미친놈
안핵사 이용태는
체포해서 유배토록.

역적놈들 미리
알아보고 선제적
대응한 게 죄요?!

홍계훈은
장위영 병력 800명을 이끌고
내려가서 속히 난을 진압하라!

5월 6일, 홍계훈을 호남 평정을
위한 양호 초토사에 임명.

京軍 (서울 군대)

여기에는 청군 군사 고문 17명도 동행.

(…그리고 좀 후달린다 싶으면 청나라 군대를 부르는 옵션도 있다는 걸로 알게…)

예?

경군은 신속한 이동을 위해 인천에서 이운사의 기선에 탑승.

세상 좋아졌네. 기선 타고 누워서 천리 길이라니.

이 시점이면 전운국 예하 해운사인 이운사가 5척의 기선을 굴리는 것 외에도, 민간 업자들의 기선 수십 척이 연안을 오르내리고 있지요.

조운도 다 기선으로 하고.

(하지만 전운국은 비리와 막장 운영으로 지탄받고 있다…)

5월 9일 인천을 떠난 배는 5월 10일 군산에 도착.

위해위

인천 서울

공주

군산

전주

고부

개틀링 건까지 챙겨 내려온 경군은 전주로 행군.

5월 11일, 전주성 입성.

군산

전주

김제

부안 백산

고부 황토현 정읍

고창

무장

경군이 전주성에 입성한 5월 11일 새벽에 황토재 전투가 있었다.

홍계훈은 전주성에서 패전 소식을 접하게 되고.

어; 역적 동비 무리가 이미 수만의 세를 이루어 이쪽 병력으로는 중과부적이었음;

아. 진짜. 경군 내려오기 전에 섣불리 군사 움직이지 말랬잖아요.;;;

이때 청 군사 고문단과 일본 기자, 정보원들도 전주성에 함께 입성.

ㅈㅈㅂ밥 다 비벼버리겠다!

농민군이 어느 수준이길래 관군이 이리 깨지는지?

황토재 전투의 과장된 소문이
전주성에 널리 퍼졌고.

농민군 숫자가
10만 명이라는데;;

전주성 안에도
이미 내통자가
드글드글하다고;;

사실 좀비 바이러스가
퍼진 건데 조정에서
정보 통제하는 거임.

양반 세도가 놈들 부귀영화를
지켜주기 위해 우리가
죽창 꼬치를 감내할 이유 무엇?

이에 겁먹은 경군 병사
330명이 탈영.

아오;;;;;
전라 감영 병력도 다 날려 먹고,
경군 병사들도 탈주하고 있고,

지원 병력 좀
더 보내주세요!!

청군이라도
청해주시면….

홍계훈은 서울에
전보로 추가 지원 요청.

거, 서울에서 내려오시느라 수고하셨는데, 저희는 그저 탐관오리의 폭정에 꿈틀한 충량한 유민일 뿐입니다. (중략) 조선 정치를 갈아엎기 위해 대원위 대감이 다시 나서주시길 청드립니다.

전주성 근처까지 접근했던 전봉준은 홍계훈에게 편지를 보내기도.

하; 진짜, 좀;; 주상 전하 발작 버튼 그만 누르라고;;

…경군의 사기가 낮다고는 하지만 라이플과 개틀링 건, 크루프 포를 지닌 경군이 지키는 전주성에 공성전을 걸어 취하는 것은 어려운 일.

남쪽으로 진군해 여러 고장을 해방하고 병력과 물자를 늘리는 게 상책이겠소.

그리고 이렇게 남쪽을 헤집고 다니면 경군도 결국 전주성을 나와 요격에 나서지 않을 수 없겠지요.

그렇게 남쪽으로
진군한 농민군.

5월 16일 영광 함락,
5월 20일 함평 함락.

그렇게 열흘 동안
남도 20여 개 읍을 후립니다.

우리 창의군은
임금께 충성하고
백성의 편에 선
의병입니다~

"—민폐 끼는 조선 관군에 비해
동학 무리의 군기는 자못 엄정해
물건은 항상 현금으로 구입하고
논밭의 작물을 범치 않도록
조심스레 행군한다."

일본 신문 기사

지나는 고을마다 사람들이
환호작약하며 무리에
합류한다.

하, 그리 발바리처럼
날뛰며 돌아다녀 봐라.
이제 서울에서
지원군 온다.

5월 21일
경군 지원군 800명
(장위영 300명,
강화 심영 500명)
법성포 상륙.

경군 지원군

50km

남쪽에 가 있는 놈들
잡으려고 남쪽에
상륙시킨 거임.

5월 22일, 홍계훈 전주성 출성.

이제 영광에 가서
지원군과 합류한다!

남쪽에서
역적놈들
다 잡아버린다!
영광을 향해!
To the Glory!

50k

경군 지원군   농민군

5월 25일, 영광에 도착한
홍계훈軍은 지원군과 합류해
1500명의 군세를 이룬다.

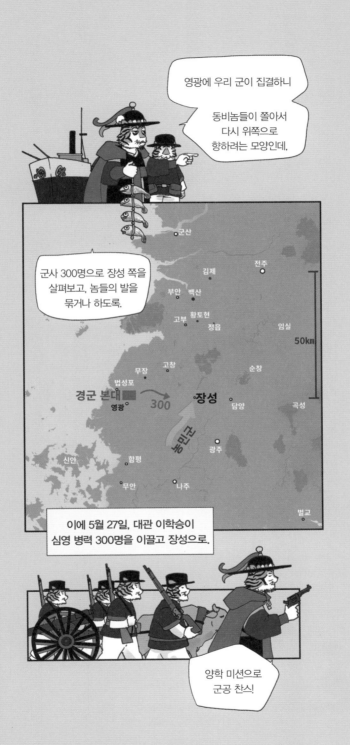

5월 27일 점심 무렵,
황룡강 줄기를 타고 진군하던 경군은
강변에 주둔 중인 농민군 주력을 발견.

장성 읍내

농민군 5천~1만 명

월평 장터

올ㅋ?

경군 300명

황룡강

마침 농민군은
월평 장터와 황룡강
강변에서 점심 식사 中.

장성 하면
애호박찌개가
유명하죠.

황룡강이라···
매우 기열찐빠스러운
이름의 강이군.

저것들 후식으로
대폿밥이나 먹여주자!!

경군이 끌고 온 2문의 크루프 포로 냅다 포격.

첫 포격으로
농민군 40~50명이
사망.

하지만 농민군은
침착하게 대오를 유지.

제5장_ 황룡촌

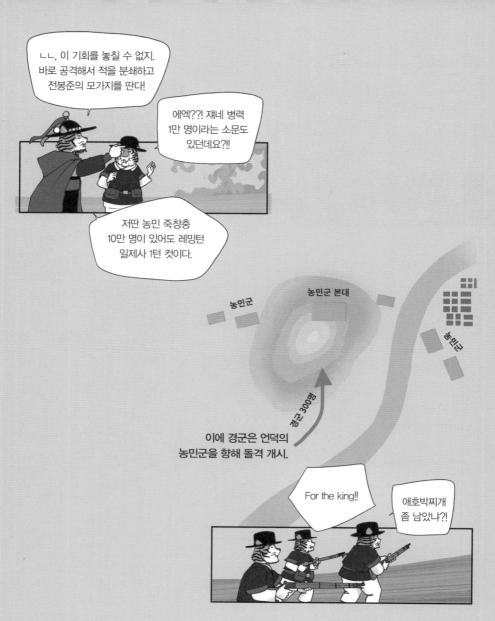

대나무를 엮어 만든 큼지막한 닭장 같은 걸 '장태'라 하는데.

경군의 패퇴 와중에 지휘관
이학승 피탄, 전사.

하아, 조선군
근대화 수둔;;

1894년 5월 27일, 장성 황룡촌 전투로
경군은 100여 명의 사상자를 내고 패퇴.

농민군은 다수의 소총과 물자,
야포 1문, 개틀링 건 1문을 노획.

나~ 나나나 ♬ 나나 나나
나 나나 나나나~ ♪

굴려라~
장태~

황룡촌 전투 소식은 조정을 발칵 뒤집어놓았고.

개틀링 건까지
뺏겼어?!

저 촌 무지렁이 사이비 신도들이
근대화된 정규군을 처발랐다는 건…;;

배후에 강력한 '뭔가'가 없다면
가능한 일인가??!!

…So, 저놈들 뒷배가 뭔지
살살 캐보도록.

회유 가능하다면
내탕금을 아끼지 말고.

제 6 장

전주성

장성 황룡촌 전투에서 승리한 농민군은 그대로
전라도의 수도 전주를 향해 진군.

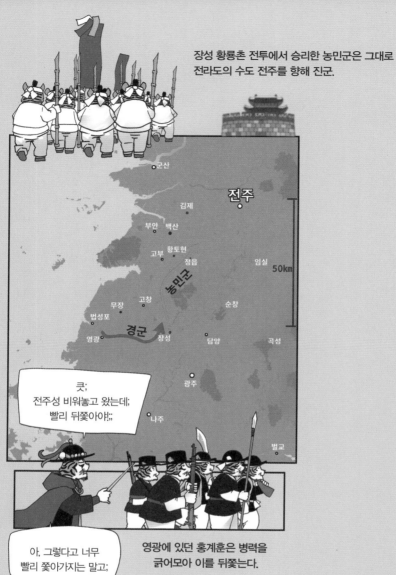

큿;
전주성 비워놓고 왔는데;
빨리 뒤쫓아야!;;

아, 그렇다고 너무
빨리 쫓아가지는 말고;

영광에 있던 홍계훈은 병력을
긁어모아 이를 뒤쫓는다.

1894년 5월 29일,
농민군이 정읍을 지나
원평에 이르렀을 때.

어명이오~!

잉?

선전관
이주호

전봉준과 그 무리는
어명을 받들라~!

주상께서 효유문을 내려
너희 도적 무리가 살길을 베푸신다네.
해산하고 집으로 돌아가 목숨을
부지함이 어떠한가.

집으로 돌아간들 수탈과 학정으로
목숨 부지하기 힘드니, 우리 요구가
관철되기 전까지는
계속 진군할 뿐이오.

허허,
정녕 수탈과 학정을 견디지
못한 민란이라면 어찌 시골 백성이
서울의 정치에 대해 논하는가?
민씨 척족을 죽이고 대원위 대감에게
정권을 맡기자니?

아, 그야 서울 정치가 제대로 되어야
시골 백성도 평안할 일이니….

자네와 대원위 합하의
밀통은 이미 주상께서도
아시는 일이야!

술렁~

아니, 무슨;

자네가 운현궁과의 관계를 끊고 무리를 해산해 충심을 보이길 바라는 뜻에서 윗전에서 은자 1만 냥을 내리셨네.

예??……

이거 받고 대충 정리하도록 하세. ㅇㅋ?

이거, 뒷배가 대원군이었나?

뇌물 1만 냥?

……

:;

께름칙하다….

지이이이잉.

쿳. 대의가 어찌 현혹당할 일이겠느냐;;

어명을 받은 신하가 어찌 이리 요설을 이어 붙여 백성을 희롱하는가!!

꾸엑!!!

농민군은
선전관 이주호와
그 일행을 살해.

녹두 장군
최고다!!

서울에서 뭔 말이
내려오건 우리의 대의는
흔들리지 않는다!!

1만 냥은
군자금으로.

와아아!!!

거러쒜!!
임금이고 뭐고
레알 혁명해야제!

오;

농민군은 계속 진군해
1894년 5월 31일 새벽,
전주성 앞에 도달.

꼬아아악;;

前 전라도 관찰사 김문현

(아직 신임 관찰사가
내려오지 않아 잔재 中.)

김문현은 서문 밖 민가
수천 채에 불을 지르고

100여 명의 관병과
함께 도주.

전라 감영의 관헌들이
경기전의 태조 어진을
챙겨 나왔죠.

전주성 사람들이
성문을 열고
농민군을 맞이해
전주성에 무혈입성.

전주비빔밥
다 뒤짐밥!

전주 이씨 나라의
본관 점령!!

나라도 다
비벼버려!

다음 날인 6월 1일,
농민군을 추격해온 홍계훈의 경군도
전주성 앞에 도달.

전주를 먹힌 건
좀 아프긴 하지만….

이제 저놈들이
크루프 포와 개틀링 건 앞에서
어디로 갈 수 있겠느냐!

전주성이라는 독 안에 갇힌
쥐새끼들로 만들어 주마!

Meanwhile,
남쪽 소식을 듣게 된
궁에서는─

놈들이
임금의 칙사를
죽였다고?!!

(돈 1만 냥
그냥 날렸네!!)

전주성이
떨어졌어?!!?!

친군경리사 **민영휘**

전봉준이 1890년대 초, 운현궁에 식객으로 머물면서 대원군과 의기투합했다는 썰도 있지만, 신빙성 낮은 야사로 추정….

이렇게 남쪽의 동학당 난리 때문에 서울의 군대가 내려가고 민심이 들썩이게 되면—

그 기회를 노려 대원군이
다시 서울에서 정변 ㄱㄱ!
손자 이준용을
왕위에 옹립하려 할 듯?

민심이
천심이다!!

그런 사달이 나기 전에!!

도와줘요!!
참깨맨!!

크얏!
역시나!!

청군,
급히 오다!

임오군란도, 갑신정변도
청군의 힘으로
해결 봤으니!

이번 사태도 더 악화되기 전에
청군을 불러들인다면
조기에 진화 가능각!

그래,
아빠가 두려워하는 건
오직 청군뿐! 이번엔
어디 우루무치 쯤으로
보내버릴 수
있을는지?

하면 일단 원세개에게
청병의 뜻을 은밀히
전할 수 있겠나.

엡, 영익이 이후로는 제가
원세개의 조선 베프입죠.

―이런 사정이 있는지라,
윗전에서 청군 청병의 뜻을
공에게 전하라 하였습니다.

헐;

조선판 태평천국운동인가;;
태평천국은 나 다섯 살 때
끝나서 잘 모르지만….

암튼 갑신정변 후
1885년 텐진조약의 뜻은
청일이 조선에서 충돌치 않도록
모두 군사를 빼자는 것이었는데;;

이후 조선에 다시 군사를 들일 일이 있을 경우에는
쌍방 서로 확실히 통보토록 약조했으니.

즉 이쪽이
움직이면,

이쪽에서도 구경만
하진 않을 거라는 거.

이건 곤란한 상황이 될 텐데;;

하지만 저 민씨네 말처럼
이번 사태로 정권이 대원군에게
넘어가게 된다면-

사람 납치해서 3년간
가둬두는 참깨놈들
인성 내 잘 알지.

대원군이 청나라에
좋은 감정이 있을 리
만무하고.

대원군이 다시 집권해?!
조선에서 여자, 뇌물 끼고
띵가띵가 놀기만 했냐.

민씨 정권 붕괴의 책임은
당연히 내가 뒤집어쓰겠지;;

그리되면
곤란하다;;

So, 신속 대응팀을 조선으로
불러서 사태를 어떻게든 빠르게 진화하고.

어?

너님들 조선에
군사 보냄?

ㄴㄴ, 잠깐 면세점만 들렀다 가는 거임.

일본이 대응하기 전에 재빠르게 빠져나가 구실을 주지 않는다면—

흠….

뭐, 어떻게든 청군 부를 수 있을 듯요.

옙, 그러면 그리 윗전에 알리겠습니다.

경군 외에도 남쪽 지역 지방군들 합류.

한편 6월 1일, 전주성 앞에 도달한 홍계훈軍.

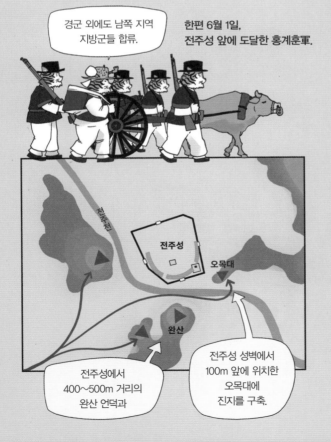

전주천

전주성

오목대

완산

전주성에서 400~500m 거리의 완산 언덕과

전주성 성벽에서 100m 앞에 위치한 오목대에 진지를 구축.

전주성을 내려다보는 이들 언덕에 야포를 배치.

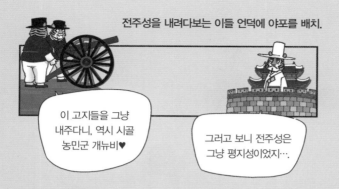

바로 그날 중으로 냅다 포격 개시.

저깟 화약 장난!
다 쓸어버리면
그만이다!!

출성 공격!!!

장태가 있으니 총탄도
두렵지 않다!!

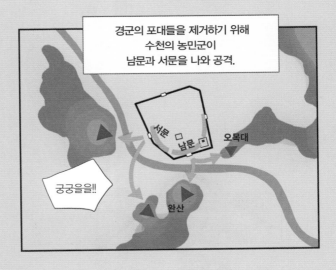

경군의 포대들을 제거하기 위해
수천의 농민군이
남문과 서문을 나와 공격.

서문

남문

오목대

궁궁을을!!

완산

어으, 근데
모래주머니 채운 장태는
무거워서 언덕 위쪽으로
못 굴리겠다;;

하, 장태 원툴
수준. ㅋㅋ

언덕에서 딱히 은폐·엄폐할 필요도 없이 내려 쏘니,

탕

어떻게 숨고 피할 방도도 없이 그대로 다 때려 맞고 죽어나갈 수밖에 없죠;;

그렇게 농민군은 100여 구의 시신을 남기고 성안으로 퇴각.

하, 장비빨 지형빨 더럽네;

성냥 한 개비가 순간을 밝게 타오를 순 있지.

하지만… 음… 그럴듯한 말이 떠오르질 않는다.

그냥 강선포와 개틀링 건으로 다 조져준다!!

현대전 참교육 주간 시작이다!!

굽씨의 오만잡상

고차원적이고 세련된 교리를 갖춘 동학이지만, 사실 19세기 당시 밑바닥 백성과 동학의 가장 큰 접면은 도참, 주문, 주술, 부적 같은 논두렁 컬트였지요. 사실 배움이 크지 않은 백성에게 고상한 고담준론보다는 주술과 부적의 신묘함이 더 잘 통하는 이야기였을 터, 동학의 초기 포덕은 그런 부분에 기대는 바가 적지 않았습니다. 당대 각지의 로컬 무속, 도참 흐름과 결합해 다양한 양상이 나타난 것으로 여겨집니다. 이후 동학이 천도교로 발전, 근대 종교의 체계를 굳혀가면서 그런 주술적 모습은 거의 사라지게 되었지만, 부적 의례는 오늘날까지 그 신묘함을 이어오고 있습니다. 최제우가 직접 경험한 부적—영부를 못사랑의 병을 치료하는 데 사용하고 그 용례를 경전에 남겼으니, 이는 동학에서 거를 수 없는 요소일 것입니다. 오늘날 천도교의 부적 태운 물을 마시는 의식은 가톨릭의 성수 성례와 비슷한 의례적 의미가 있다 하겠습니다. 실제로 질병을 치료한다기보다는 마음의 병을 다스리고 마음가짐을 다잡는 용도인 게지요. 동학농민군이 총알을 막아주는 방탄 부적을 두르고 다녔다 해 이를 전근대적 아둔함이라 고개를 저을 수 있겠지만, 조금 넓게 보자면 서양 병사들이 걸고 다닌 십자가 목걸이나 일본 병사들이 두르고 다닌 천인침과 아주 크게 다른 맥락은 아니라 할 수도 있겠습니다. 뭐, 이러니저러니 해도 그리 두루뭉술한 믿음의 영역에 무슨 계측의 잣대를 들이댈 수 있겠습니까. 중요한 건 꺾이지 않는 마음이겠지요.

제 7 장

빌미

1894년 당시
駐조선 일본 공사는
駐청 공사인 오토리 게이스케가
겸임하고 있었는데.

(보신전쟁 때 구막부군
지휘관으로 활약했던
그 오토리 게이스케)

보통은
조선에 머무르지 않고
있었기 때문에—

1886년부터
주조선 공사관에 근무한 서기관
스기무라 후카시가 대리공사로
조선 관련 업무를
총괄하고 있었음.

사람 이름이
어떻게 후카시;

운현궁에 뻔질나게
인사 다니면서 대원위 합하와
친목을 쌓아왔죠.

운현궁뿐 아니라 젊은
관료층과도 폭넓게 교류.

갑신정변 후 박살 난 조선 내
친일 라인을 어느 정도
재구축했습니다.

농민 반란 때문에
청군을 부른다고?!

1894년 6월 1일,
스기무라는 조선 조정의
청군 청병 첩보를 입수.

바로 일본 본국으로 전보 발송.

믿기지 않으시겠지만–

키타!!!!

이벤트 떴다!!!

외무대신
무쓰 무네미쓰

6월 2일,
일본 각료회의.

다들 아시다시피 텐진조약은 청일 양국이 공평하게 조선에서 손 떼고 있기로 한 약조지요!

청군은 조선 출병 시 일본에 통고해야 하고!

여기에 대해 일본은 제물포조약에 의거, 공사관 경비를 위한 병력을 무제한 출병할 수 있습니다!

일청 양방의 조선 노 터치라는
암묵적 합의가 무너진 이상

9년 전인 1885년,
갑신정변 직후의
청일 대치 상황으로
돌아가는 거고.

이번에는 그 대치를
합의가 아닌
개전으로 폭주시킨다!!!

조선반도의
캡짱을 가릴
때가 왔다!!

SO,
개전각이다!!
개전각!!

어;; 음…

전쟁이라…;
국내 정치 상황을
고려해볼 때….

의회를 장악한 민권운동-
자유당계 세력들은
연일 정부를 향한 정치 공세를
몰아붙이고 있고.

번벌이 정권을 잡고 있을
정통성과 법적 근거가
대체 뭐냐?!

열강 상대로는 불평등조약 개정도
못 하고 있으면서 국내 반대 세력만
잘 패는 강약약강 정부!!

(번벌 정부가 시원찮으니)
...의회가 정부 정권에 참여하는
방안을 윤허해주시옵기를 여쭤봐도
될지 문의드려도 될지에 대한
요청의 승인을 건의드려도
되올지 말입니다?

**이번 5기 의회는 아예
천황에 의원내각제
건의 상소문을 올림.**

아, 그리고
저 빌어먹을 2차
이토 내각 탄핵안도
같이 올려드립니다.

(의원 내각제로
진짜 의회민주정을
하겠다는 것?!)

번벌정부 타도!
굴욕외교 타파!
데모크라시 쟁취!!

일본에서 정치 위기가
결국 정권 수뇌부의
암살로 치닫는 건 너무나
익숙한 일상다반사!

...목숨이 아깝다는 건
아니지만, 칼 맞으면
아프잖아요;;

(So, 국내 정치 위기 타파를 위해서라도) 조선 문제에 적극적으로 대처해 병력을 동원하는 방향으로 갑시다.

뭐, 꼭 전쟁을 하겠다는 건 아니고….

개전각 날카롭다!!! 이 전쟁 기회, 절대 놓치지 않는다!!!

그리고 사태 전개에 앞서 탈 많은 의회 해산하고 ㄱㄱ!

하, 의회 해산하고 총선 다시 한들 뭐가 유리할 거 같으쇼?!

(○○, 전시 총선은 아마 유리할 듯.)

다음 날인 1894년 6월 3일, 조선 조정은 청군 청병 공식 논의.

청군 부르기로 얘기 다 되어 있습니다~

청군… Call….

아이고! 전하!! 아니 되옵니다!!

카오스 헬 게이트 오픈 버튼이라고요!

주상 전하가 미쳤어요!!

청군 콜!!! 도와줘요!! 참깨맨!!!

조선, 청군 지원 공식 요청!!

당일 원세개는
조선의 청군 지원 요청을
본국에 공식 전달.

병력 좀 보내주셔야
되겠는데요;;

K-태평천국이랑
대원군 합작 음모로
민씨 정권 무너지게 생겼습니다;;

원세개의 보고대로라면
조선 친청 정권을 잃을 위기에
직면한 듯 보입니다;;

…하지만 병력을 보낸다면
호시탐탐 기회를 노리는
일본도 가만 있지는 않겠지.

…그런데 조선에서의
사태 전개를 내버려둘 경우,

일본이 조선에 출병할 건수는
어차피 분명히 발생할 터…

절대 척왜!!
왜놈 공사관
불태운다!!

공사관이 불타든가
일본인이 몇명
맞아 죽든가….

저, 저거 보소!
일본군 출병 ㄱㄱ!!

결국 이 1894년의 조선 위기는
어차피 피할 수 없는 것.

더 유리한 기세를
선점하는 게 낫다.

차라리 먼저 출병해서
사태를 빨리 진압한다든가,

그리 선제적으로 대응하면서 열강의 간섭을 부른다면,

이 위기도 어찌어찌
무탈하게 지나갈 수
있을 것.

9년 전, 청불전쟁으로 우리가 더
불리한 상황에서도 청일전쟁이
안 터졌는데 이번에 설마
전쟁이 터지겠냐.

북양수사 제독
정여창이 이끄는 군함 2척,
직예 제독 섭지초가 이끄는 회군
1500명을 조선으로 파병한다!

1894년 6월 4일.

섭지초   정여창

조선에서
청의 세력을 굳히기 위함이 아닌
오직 농민 반란 진압이 목표라는 걸
확실히 드러내기 위해,

톈진
다롄
위해위   인천
아산만
전주   부산
히로시마
나가사키

군함은 인천으로 보내되
육군 병력은 인천이 아닌 아산만으로
상륙해 농민 반란 근거지인
전주로 직행하도록 한다.

이에 대응해
일본은 6월 5일,
히로시마에
대본영 설치.

이 전쟁을 위해
지난 몇 년간 조선에
정보원 깔고 디테일하게
PT를 준비했지요!

언제나처럼 간판 참모총장은
다루히토 친왕.

실질적인 전쟁 총감독   육군대신
육군 참모차장 가와카미 소로쿠   오야마 이와오

일단 오토리 게이스케 공사가
해군 육전대 500명을 거느리고
서울로 귀임토록 한다!

舊막부군 육군 사령관이었던
양반이니, 서울에서의 작전에
손발이 다 잘 맞을 것이다.

6월 4일의 청군 출병과   6월 5일의 일본군 출병.

양측 공히 텐진조약에
따라 상호 통보.

우리 병력 조선 감.
서울로는 안 가니
안심하도록.

OO, 우리도 감.
(서울로.)

Meanwhile, 청일 양국이 그리 움직이는 동안 전주성에서는 전투가 계속되고 있었으니.

6월 1일의 첫 전투에서 승리한 경군은 전주성 內로 포격을 계속.

전주 감영
경기전

뚜슝

이 와중에 포탄 한 발이 경기전에 떨어지는 일도.

꾸꿍

으아!! 태조 이성계 제단에 포격질을?!!

야, 이 대역무도한 놈들아!! 태조 대왕 제단에 포탄 갈기는 미친놈들이 역적이지, 누가 역적이냐!! 감히 용의 눈물을 흘리게 한 대역죄, 목숨으로 사죄하라!!

태조 대왕께서는 리얼리스트 실용주의자셨으니까 이런 걸로 안 삐지신다!!

(조금 쫄아서 이후 포격에는 조심성을 기울였다.)

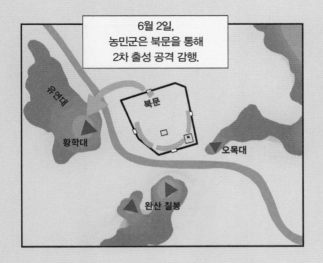

6월 2일,
농민군은 북문을 통해
2차 출성 공격 감행.

유연대

북문

황학대

오목대

완산 칠봉

북문을 통해 돌아가는 루트는
놈들의 방비가 허술하겠지?!

응, 아냐.

예기치 못한 기습에
조선 관병들이 즉시
모랄빵 나는 건 과학이다!

대비하고 있던 경군의
개틀링 건과 소총 사격에
황학대 공격에 나섰던 농민군은
전날과 마찬가지로 쓸려나가
100여 명의 전사자를 내고 패퇴.

TATATATATATATA

아, 진짜,
원딜 패치 좀;;

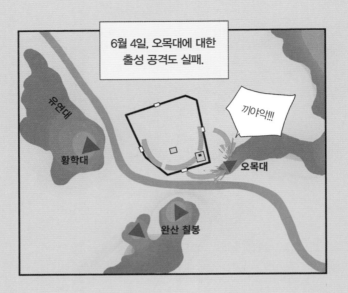

포격과 함께 경군은 전주성 안으로 삐라를 날려
농민군의 사기 저하와 분열을 유도.

투항자는
죄를 묻지 않는다….

전봉준의 목에 현상금과
벼슬까지 걸고….

근데
삐라를 어떻게 날렸지?
진짜 풍등으로 날렸나?

실제로 전주성 내부에서는
불온한 분위기가 피어오르고.

(아무래도 이 봉기는
튼거 같은데….)

……;;

(부적이 총알 막아준다는
시점에서 이미….)

116

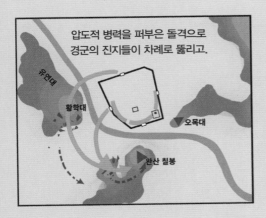

압도적 병력을 퍼부은 돌격으로
경군의 진지들이 차례로 뚫리고.

농민군은 완산 칠봉의
경군 본영까지 쇄도.

홍계훈이 직접 칼을
휘둘러야 하는 지경까지
경군을 몰아붙였다!

설마, 지나??;;

설레발 ㄴㄴ!

하지만 경군의 개틀링 건과
라이플 사격은 무력화되지 않았고.

완산 칠봉 언덕 경사면에
500~1천 명에 달하는
농민병이 어육으로
나뒹굴게 되었으니.

컥; 죽창 길이가
1cm 부족하구나;;

전투 중 포탄 파편에 전봉준 부상.

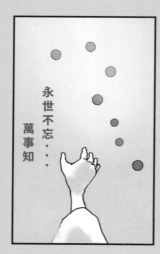

전주성 공방전에서
농민군의 출성 공격은
모두 실패로 끝난다.

제 8 장

화약

연이은
출성 공격의 패배로
전주성 內 분위기는
매우 침울.

지난 전투에서
머리와 다리를
다쳤다….

(총알이 피해 간다던
녹두 장군도 저리
다치고.)

(부적도
효험이 없고.)

수군수군

다 같이 이 전주성에
갇혀 뒤지는 거 아녀?

─라고 다들
불안에 떨고 있네.

흩어져서 도망가야 할
시점이 아닌가 싶을 정도로
곤란한 상황이야….

일단 전주성 內 식량이
다 떨어졌음;;

작금의 곤란상은
다음과 같다.

밥, 계란, 고명을 뺀
전주비빔밥입니다.

그리고 6월 농번기를 맞아
심란한 농민병들.

전북의 봉기에 호응하는 전국 규모의
봉기 도미노도 일어나지 않았다.

동학농민군이
잠깐 휩쓸고 지나갔던 호남의 고을들도—

농민군이 지역 불만 종자들을
다 데리고 떠난 후,
다시 공권력이 회복되는 경우가 부지기수.

마을 돌아올 때
메로나.

경상도 등지에서
동학농민운동에 고무된
민란이 몇 개 일어나긴 했지만.

전국 민란 시즌
개막인가 보다!

시즌 취소다!
동비 역적 아니면
집에 돌아가!

아이고;
역적이 아니라
그냥 평범한
민란입니다;;

그냥 평범하게
사그러들고.

충청도의 북접 동학 형제들이
호응해줄지 어떨지는….

호남의 대접주들이
남접을 자칭하며
대도소를 무시하고
벌인 폭거입니다!!

보은 대도소

이대로 두면 동학 전체가
역적으로 찍혀 조정에
박살 날 겁니다;;

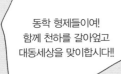

동학 형제들이여!
함께 천하를 갈아엎고
대동세상을 맞이합시다!!

…친한 척하지 마라.
십자군— 아니 궁을군을
보내서 이단 역적놈들에게
불의 정화를 내려붉겨.

북접은 남접에 호응은 고사하고
동학의 안위를 위해
남접 토벌군을 내려보낼
궁리까지 하고 있었으니.

(이 난리는
아무래도
튼거 같은데.)

(대장 목을
갖다 바쳐야
하려나;;)

…. ;;

이리 사면초가 상황에서
농민군 내부의
불온한 분위기에 직면한
전봉준은—

앞으로 사흘 내로
이 궁지를 벗어나지 못한다면
이 모가지로 상황을
해결하리다!

6월 8일,
사흘 데드라인 예언.

오오?

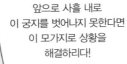

바로 그날,
오토리 공사가 이끄는
해군 육전대 500명 인천 상륙.

서울로 ㄱㄱ!
하, 경인선
언제 개통하냐;

하루 뒤인 6월 9일,
섭사성이 이끄는
청군 선발대 800명
아산만 상륙.

우리는
전주로 간다!

조선 조정의 절박한 원병 요청에
응해 병력을 보냄은 중국이 속국을
보호하는 관례를 따름이다.

일이 정리되면 우리 병력은 바로
철수할 것이니 일본 측은 예민하게
대응하지 말라.

아니, 조선이 중국 속국이라는 건
국제법으로나 타국의 인정으로 보나
아무 근거 없는 미신인데요?

우린 그런 거 인정한 적 없으니
그 논리에 기반해 뭘 주장하지 마시길.

즉 텐진조약 체제하에서
9년간 서로 거론하지 않기로
묵계했던 문제가 이제 파파팍
불거져 나오기 시작한 것.

조선은 전통적인 속국,
우리 나와바리임.
원병 보내달라니
바로 보낸다.

누구 맘대로
느그 나와바리냐.
인정 못 함.

아국 접경, 이익이 걸린 땅이니
조선에 대한 나와바리 시비는
충분히 전쟁 사유가 될 수 있다!

꺼져라
족바리!!

참깨
Go home!

. . . .

청일 양국군의
출병 소식을
듣게 된 임금은−

저놈들이 설마…
조선 땅에서 한판 붙나?

…그리 붙어서 이기는 쪽에
조선이 먹히는 건가?!!?
으아으어으에에에!?!?

이제 좀
정신이 드십니까;

…못난
놈~

126

So, 전주성의 동비놈들,
빨리 얼러서 내보내라!!

어떻게든 사태 끝난
그림을 만들도록!!

이틀 준다!!

아, 옙;;
최대한 빨리
처리하겠습니다;;

**신임 전라도 관찰사
김학진**

기실 전주성에서는
6월 6일의 마지막 출성 공격 이후
전봉준의 밀사들이
꾸준히 휴전 교섭을
타진하고 있었고.

…비긴 걸로
하지 않을래요?

일단 너님 목부터
떼놓고
얘기합시다.

어휴, 백성 상대로 그렇게
꼭 이겨 먹으려고 하진 말고

좋게 좋게 갑시다.

예!?

청일 군대 무르기 위해
지금 즉시 휴전해야 함.

그렇게 관군과 농민군은
휴전 협의에 나서게 되고.

■ 폐정개혁안 12개조 ■

▶ 동학 도인과 관 사이의 앙금을 털고
여러 정사에 협력할 것.

▶ 탐관오리 징벌.

▶ 횡포한 부호,
불량한 유림 양반 징벌.

▶ 노비 문서 소각.

▶ 칠반천인(7종 천민)의 대우 개선.

노비   상여꾼   백정   갖바치   기생   예인   무당

▶ 백정이 패랭이만 쓸 수 있는 금제 폐지.

▶ 청춘과부 재혼 허용.

▶ 지역 차별 없는 인재 등용.

▶ 무명잡세 혁파.

▶ 토지 균작.

▶ 왜와 밀통하는 놈들 처단.

토왜 OUT!!
NO JAPAN!!

시골 무지렁이 농민도
왜놈들이 제국주의
흉내 내려는 거 다 안다!

(이상의 폐정개혁안은 공식적으로 기록에
남지 않아 그 내용이 명확하진 않음.)

…이 정도로
거국적이고 래디컬한 개혁안을
관찰사 레벨에서 다룰 수는
없겠는데….

뭐, 일단은 조정에 건의
올려주십사 하는 겁니다.
(27개조로 된 다른
버전도 있습죠.)

오ㅋ,
오ㅋ.

(조정까지 안 올라감.)

그리고 저 개혁안 내용들을
향촌에서 우리 동학 조직을 통해
실천하고픈 바람도 있습니다만….

그렇게
1894년 6월 10일,
전주화약 성립.

오ㅋ, 오ㅋ. 아무튼
빨리 성 비우고 느그들
동네로 흩어져서 지지든
볶든 맘대로 하시게나.

(공식 합의문 같은 거 없이
구두로만 이뤄짐.)

농민군이 빠지자
홍계훈軍은 굳이 성벽에
사다리를 걸고 입성.

제 9 장

비상

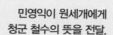
민영익이 원세개에게
청군 철수의 뜻을 전달.

농민 반란군이 공순하고
해산했으니, 청군도 그냥
귀국해주시면 되겠습니다.
번거롭게 오라 가라 해
송구스럽습니다;

○○,
근데 원래 민영휘 대감이
맡고 있던 일 아니오?

영휘 형은 이번 청병 소동
때문에 실각했습니다.

농민 반란 다 끝났다니까
청일 동시에
병력 다 빼죠?

6월 11일, 원세개는 바로 오토리
공사에게 청일 병력 철수 제안.

오토리 공사는
일단 이에
동의하는
척하지만.

…뭐, 그러죠.

6월 12일, 이번 사태 투입을 위해 조직된
혼성 9여단 병력 8천 명의 1진인 1천 명이 인천行.

철병은 없다.
게이야~

여단장 오시마 요시마사 소장
(아베 총리의 외고조부)

134

9여단 병력은
인천으로 계속 증원되고
선발대가 서울로 입성.

아니; 천 단위 병력이
서울 도성 안으로
밀고 들어오는 건
좀 아니지 않나요;;

임오군란 이후 맺은
제물포조약에서 공사관 경비 병력을
둘 수 있다 했으니,
이를 따를 뿐이오!

조선에 일본군
드랍 시작인가!!

이러한 사태 전개를
일본에서 반기며 지켜보는
이들이 있었으니.

갑신정변 수괴 박영효

일본군이
서울을 무력으로 제압하고
청군을 쫓아낸다면, 조선에 새로 세울
친일 정권의 수반은 이몸이 될 터!

박영효의 심복 3총사

정난교　　유혁로　　이규완

기대드립니다.
대감.

뭐, 김옥균… 그 양반이 살아 있었다면 드디어 재기의 때를 얻었다고 태풍처럼 날뛰며 서울을 엎어버리려 했겠지요.

아, 두 달 반 전의 김옥균 암살에 대해 회상하는 회차군요.

○○. 그 얘기를 안 하고 넘어갈 수는 없겠더라고요.

1886년의 오사카 사건 이후 김옥균은 2년간 태평양 절해고도 오가사와라에 유폐되었다가―

여기다, 여기;;

980km

1888년부터 1890년까지는 홋카이도 오타루에 연금.

맛있다.

'오타루'를 거꾸로 써서 상표 삼은 것이 바로 '르타오' 치즈케이크지.

일본 정부 트롤링으로 갑신정변이 실패한 겁니다!!

1890년, 연금에서 풀려난 김옥균은 도쿄에서 활동을 재개.

이를 자유당계 대외 적극주의 세력들이 후원한다.

겐요사 총수 도야마 미쓰루

'삼일천하'라고
써주세요!

김옥균이 일본 정부에는
기피 인물이었지만,
그의 대중적 인기는
대단해서 항상 팬들이 무리를 짓고
그의 글을 얻기를 청했지요.

하지만 당연히 그 뱃속에서는
조선으로 돌아가 다시 한번 혁명에
도전하고픈 야망이 부글부글.

하, 이번에는 제대로
할 수 있을 건데;

이홍장 각하를 만나뵐 수 있다면,
조선에서 청일 갈등이 없도록
동양 정국을 재단할 방책에 대해
말씀드릴 수 있을 텐데요.

청 공사 이경방
(이홍장의 조카이자 양자)

그러시다면 한번
만나보실 수 있도록
주선해드리죠.

하오!

이홍장 만나러 중국 ㄱㄱ!!
이홍장 카드라면 조선에
귀국해 재기할 수 있는 길이
열릴 것이다!!

아니; 좀
위험하지
않을까요;;

주변의 걱정과 만류에도
불구하고 김옥균은
중국行을 단행.

ㅎㅎ, 여행길 안내는 이 몸에게 맡겨주시오. 선실도 여객선 마일리지로 업그레이드해드림.

1894년 3월 중순, 김옥균 상하이行.

그 여행길에 홍종우라는 자가 동행했으니.

명문 남양 홍씨 가문 출신인 홍종우는 일찌기 큰 뜻을 품고 프랑스 유학을 결심.

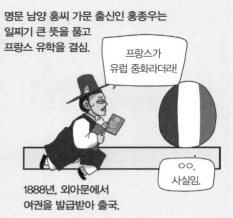

프랑스가 유럽 중화라더라!

○○, 사실임.

1888년, 외아문에서 여권을 발급받아 출국.

나이 40에 뭔 고생이냐.

일단 일본으로 건너가 알바하면서 여비와 유럽行을 위한 인맥을 만들고.

홍상, 동안이라 훨씬 어려 보여요~

1890년, 자유당계 인사들의 도움으로 프랑스行 성공.

마르숑~♬ 마르숑~♪

Japonisme

당시 프랑스는 자포니즘의 쓰나미에 푹 잠겨 있던 시기.

프랑스 하면 역시 일뽕이죠!

和風

우키요에로 대표되는
일본 미술이 인상주의 조류에
심대한 영향을 미쳤고.

J-컬처, 일본풍 공예품과
미학 스타일이 대중문화 전반에
깊이 스며들었지요.

일본 서브컬처는 참으로
19세기에도, 20세기에도,
21세기에도 사람 홀리는
나니가 아리마스네~

막부 때부터
EXPO 꼬박꼬박
참석한 보람이
있네요.

하지만 양놈들에게
초밥을 먹이기에는
아직 때가 이르다.

또한 정치적으로는
인도차이나 식민지화와 중국 진출로
동양 문화 전반에 대한 연구가
요구되던 시기.

이 동네 사람들은 평소에
뭐 읽으며 지내나~

맑스 읽는다
시佛놈아.

이를 위해 연구자, 모험가, 상인, 도굴꾼 등에 의해 여러 유물이 아시아에서 파리로 옮겨졌고.

예수 씨, 그쪽 애들 인성 교육 좀;;

무거운 불상, 머리만 잘라 가는 유행도 이즈음 생겼다는 듯.

조선과 수교한 1886년 이후, 프랑스 문화 탐사단이 조선에 들러 여러 물품을 구입해 가기도.

오오, 이것이 조선의 달항아리!

요강인데요.

그러한 동양 미술품 수집의 절정은 1889년 개관한 기메박물관.

서구 세계 최고의 동양 미술 전문 뮤지엄!

Musée guimet

에밀 기메

김해박물관과는 무슨 관계일까요.

오오, 일본 옆 은자의 나라에서 기어 나온 은자!!

이처럼 동양 플로우가 절정에 달해 있던 파리에 도착한 조선인.

봉 쥬흐~

홍종우는 파리 동양 덕후들의 열렬한 환영을 받는다.

각종 클럽에
게스트로 초청되어
한복 차림으로 여러가지
조선 썰을 풀기도 하고.

…그리하여 그 후 종을
칠 때마다 에밀레~ 에밀레~
하는 소리가 났다고 합니다.

Émile?

Millet?

기메박물관에서
조선 물품들의 분류와
이름표 작업을
돕기도 하고.

어, 음… 프랑스 함대가
강화도 쳐들어갔을 때
가져온 건데요.

마법의 녹색
포션입니다.

《춘향전》《심청전》 등을
불어로 번역해 소개한다.

이리~ 오너라~
업고 놀자~

남녀가 데이트할 때
업고 논다….

그러다가 1893년,
일본으로 돌아오고.

프랑스물 좀 먹었으니
귀국해 서구 유학파로서
나랏일에 쓰임받으리라.

하지만 조선에서
벼슬길에 오를 전망은
어두워 보였으니.

갑신정변 수괴
홍영식이랑 같은
문중 사람이구먼.

더군다나 유럽물
먹고 온 개화파잖아.

백퍼
개화당 역적놈들
라인이겠구먼!

하;; 이리 낙인찍혔으니
귀국해도 딱히 활로가
없겠는데;;

─라는 걱정들을
한 큐에 해결해버릴
방안이 있소만.

예?

병조판서 민영소의 지시를 받고
김옥균 암살을 위해 일본에 와 있던
이일직이 홍종우에게 접근.

개화당 대마왕 김옥균의 목을
홍선생이 손수 따다가 조정에 바친다면,
개화당이라는 의심도 날려버릴 수 있고
보상으로 벼슬도 얻을 수
있지 않겠소이까!

…흠.

프랑스에서 마카롱을 좀
배워가지고 왔는데 맛 좀
보시겠소이까?

이에 홍종우는
김옥균에 접근해 환심을 사고.

오, 무슈 홍!!
귀한 프랑스 유학파 인재가
손맛까지 일품이구료!

(일본에서는 주변에 사람도 많고, 암살 후 일본 관헌에 잡힐 테니 일을 진행할 수가 없다.)

그렇다면…

이홍장을 만나서 동양 천하 대국의 큰 그림을 제시하겠다!

김옥균의 상하이行은 천재일우의 기회.

······

1894년 3월 하순, 김옥균과 홍종우는 상하이에 도착.

여기서 기다리다가 선이 닿으면 이홍장을 만나는 거임!

흠, 조만간 조선에서 뭔가 터지려나~

상하이 미국 조계의 일본계 호텔인 동화양행에서 숙박하던 김옥균.

1894년 3월 28일.

아, 무슈 홍. 어째 갑자기 한복을?

· · · · ·

주상께서 죽음을 명하셨으니 달게 받으시오!!

타앙

1894년 3월 28일,
김옥균 피살.
(향년 43세)

홍종우는
중국 관헌에 넘겨졌지만─

조선의 역적을 잡은 공무일 뿐이외다.

(위에서 얌전히 조선으로 보내라고 지시 내려옴.)

(ㅇㅇ.)

김옥균의 시신과 함께
조선으로 귀국.

퀘스트 보상
받아 가세요~

홍문관 교리 벼슬을 받는다.

김옥균의 시신은
부관참시 되어 8도에 조리돌림.

하, 3개월만
참을걸…

인기인이던 김옥균의 암살과 부관참시 소식은
일본 사회에 大쇼크.

김옥균 선생 암살!!
부관참시!!!

으아아;
혐 표시 좀;

지나와 조선이 짜고 유인해
죽인 게 아닌감?!

아오!!!
야만 지나와 미개 조선!
저딴 쓰레기들과 무슨
이웃사촌을 논하겠느냐!!!

일본은 저 똥양놈들과는
최대한 멀리하고 어떻게든
서양 문명 클럽에
들어야 한다!!

이 시기 후쿠자와 유키치가
낸 탈아론이 이 사건에서
영향을 받았다고도.

1894년 4월 내내
일본 모든 신문 지면을 달군
김옥균 암살 사건은
일본 사회 전체의
반중·반조선 감정을
활활 불태웠고.

정적을 저리 암살하고
시체를 찢어발기다니!!
조선 미개하다!!

암살범을 그대로
조선으로 돌려보내다니
중국놈들이 뒷배를
봐준 게로구나!!

이 모든 무도한 처사는
지나와 조선이 일본을 완전 깔보고
깔아뭉갠 외교적 귀싸다구다!!

이로부터 두 달 반 후에 터진 조선 위기.

도와줘요!!!
아니, 잠깐 생각해보니,
필요 없어요!!

이에 언론은 반중·반조선의
논조를 경쟁적으로 이어나갔으니.

조선에서 뭔 또 미개한
일이 터진다는데, 이건 꼭
개입해야 함!!

조선 위기는 곧 일본 위기!
지나가 조선에서 설치는 꼴을
이번 기회에 박살 내야!!

지나를 쳐부수고
조선을 후려칠 절호의
기회가 왔다!!

이런 언론 뽐뿌질에 대중은 격렬하게 반응.

전쟁이다!!!

점심은 서울에서!
저녁은 베이징에서!!

전국 각지에서
자원병 입대 운동과
국방 헌금 운동이
들불처럼 일어나고.

흠, 외부의 적은 꽤 그럴듯한 이득을 안겨주는군요.

반정부 자유당계 신문들까지 일거에 친정부 논조로 돌아서며 애국, 개전을 외치다니.

이번 총선과 의회는 걱정 안 해도 될 듯.

이렇게 정치적 이득을 살살 취하되, 전쟁은 좀 리스크가 있으니 되도록 피하는 방향을….

놉!!! 여기서 전쟁을 피하면 분노한 국민에 의해 정권이 무너질 것!

개전 버튼은 이미 눌린 거고!! 여기서 고민할 건, 어떤 방식으로 전쟁에 이길 것인가 하는 것 뿐이외다!!

what kind of 외교부 장관이 이리 호전광이래;;

굽씨의 오만잡상

2022년 11월 28일 세상을 떠난 극작가 오태석은 40여 년간 60여 편이 넘는 작품을 연출한 한국 연극계의 거두였습니다. 격동의 근현대사 풍경을 스케치하고, 한국적 전통과 언어, 다양한 방언을 수용하는 등 한국 현대연극의 큰 틀을 닦았다고 평가받지요. 하지만 말년에는 연극계 미투 의혹으로 잠적하기도 했답니다. 아무튼 그가 1994년에 내놓은 작품 〈도라지〉는 갑신정변을 시작으로 상하이에서 암살당하기까지 김옥균의 족적과 그에 얽힌 홍종우의 심사 그리고 이후의 일을 그린 희곡으로, 그 구성과 대사가 쉽지 않지요. 작품은 자의식 과잉의 김옥균과 그런 그를 경멸하면서도 복잡한 감정을 안은 홍종우가 벌이는 심리적 밀당을 그려냅니다. 이 〈도라지〉는 딱히 이렇다 할 평가 없이 묻힌 작품이지만, 2016년 뮤지컬로 개작되어 〈Gone Tomorrow〉라는 제목으로 재탄생합니다. 이 뮤지컬은 원작보다 쉽고 (다소 황당하며) 대중적인 스토리 라인을 갖고 있는데, 인물도 좀 더 알기 쉬운 선각자요 영웅으로 다듬어졌습니다. 홍종우가 김옥균의 뜻을 받들어 총탄을 날린 후, 그의 유지를 이어 조선의 독립을 위한 비밀공작을 이어간다는 내용이 너무 판타지스러운지라, 한정훈이라는 인물이 홍종우 행세를 했다는 설정이 붙게 되었다지요. 내용이야 뭐 중요한 건 아니고, 좋은 노래들이 호평받는 뮤지컬로 2023년 8월에 삼연이 예정되어 있다 하니, 관람의 때를 기다려봄 직합니다.

그 오인 꿀덩어 되까~♬
2오인 새들이 난까~♪

제 1 0 장

개전을 향하여

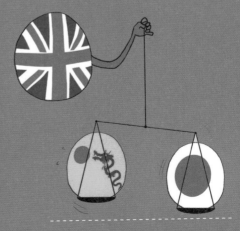

1894년 6월 15일, 내각회의.

단순히 우리 병력 빼기 싫다는 걸로는 전쟁 명분 삼기 어려우니….

이제 이 상황을 전쟁으로 끌고 갈 적당한 구실이 필요!

이를 위해 청국에 조선 내정 공동 개혁안을 제시.

이번 농민 반란 사태 등 조선 나라 사정이 개판이니, 조선 내정을 청과 일본이 함께 개혁합시다.

윙?

이를 위해 조선 조정에 일본인 고문, 감독관들도 배치하고.

이는 곧 조선에 대한 내정 간섭권을 청일 양국이 분점하자는 것.

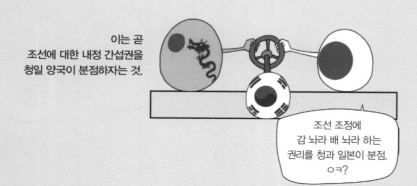

조선 조정에 감 놔라 배 놔라 하는 권리를 청과 일본이 분점. ㅇㅋ?

그리고 이 제안을
청이 거절할 경우 전쟁이다!
– 라고 명분 삼을 수 있음.

아, 조선에서
빨리
병력 뺍시다~

…그런 게 전쟁
명분이 되남요?;;;

까놓고 말해서
전쟁에 명분이 어딨음.
그냥 하는 거지.

뭣하면
우리 병력 먼저
빼도 되고요~

......

6월 17일, 일본은
청에 조선 내정 공동 개혁안
(조선 분점안) 제시.

…조선 간섭권
나눠 가집시다.

전쟁체정
공동
개혁안

??!??!?!!!

조선 내정 간섭권을
나눠 갖자고??!?

족바리놈들,
어떻게든 시비 걸
생각 만땅이었구나!!!

USS 볼티모어

그쪽 함대 병력 서울에 배치해주시면 안 될까요?!

마침 인천에 기항한 미국 아시아 함대에도 희망을 걸어보고.

어;; 음;; 공사관 경비병으로 한 40명 정도;;

아시아 함대 제독 조셉 S. 스커렛

駐조선 美 공사 존 M.실

헛된 발버둥 끝에 6월 26일, 경복궁에서 오토리 공사 접견.

…공사 이름이 게이…스케;;

원, 도움을 어째서 멀리 서양 나라들에서 찾으십니까~ㅎ 저희 일본군이 언제든 전하를 모실 준비가 되어 있습니다.

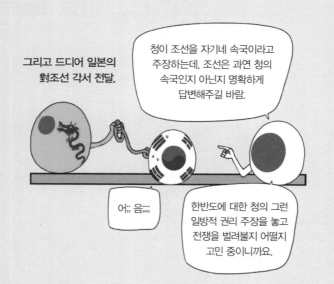

그리고 드디어 일본의 **對조선 각서 전달.**

청이 조선을 자기네 속국이라고 주장하는데, 조선은 과연 청의 속국인지 아닌지 명확하게 답변해주길 바람.

어;; 음;;;;;

한반도에 대한 청의 그런 일방적 권리 주장을 놓고 전쟁을 벌려볼지 어떨지 고민 중이니까요.

어, 조선은 예나 지금이나
내정과 외교에서
어떤 간섭도 없이 자주국으로
해오고 있습니다.

일본과도 서로 자주국으로서
강화도조약을 맺었잖슴?
그 내용 그대로면 되죠; ㅎㅎ;;

조선 측 답문에 대해 일본은 불인정.

아니,
자주국이라니까요;
자주국!!

속국이냐
아니냐, Yes or No로
답변을 못 했으니,
이는 제대로 된 답변으로
치지 않습니다.

**조선 조정의 노력도 헛되이
고조되는 위기에
서구 열강은 대체로
관망 모드.**

싸움은 역시
잣밥 싸움이
꿀잼이죠.

저 한반도 문제에 대해
그나마 관심 있게 개입할
건덕지가 있는 나라들이라면—

오우~

음;;

대영제국과
러시아제국, 두 대국에
중재를 청합니다;;

예전 거문도 사건도 있었고 하니,
극동에서의 난리는
양 대국분들도
원치 않으시겠지요;;

일본이 조선 간섭권을 놓고
청과 전쟁을 벌인다는 건
누가 봐도 한반도
먹겠다는 짓거리지.

So, 러시아는
그런 사태 전개를
좌시하지 않으리라
강력 경고합니다!

기르스 외무상

음;;

주일 공사 드미트리 E. 셰비치

러시아가
저리 겁주는데
괜찮을지?

걱정 ㄴㄴ.
저거 다 뺑카임.

러시아군
절대 극동까지 안 옴.
아니 못 옴.

으음; 시베리아 철도는 아직 반의반도 못 깔았고….

극동에 함대 보내려면 지구 반 바퀴를 돌아야 하고, 영국과의 긴장도가 크게 올라갈 겁니다.

다른 열강과의 공동 중재 선언도 불발이고, 러시아 혼자 뭐 할 수 있는 게 없다. 일단은 지켜볼 수밖에….

So, 러시아는 일본 측의 구두 보장을 받는 선에서 일단 객석으로 물러남.

진짜 찍고, 일본은 절대 조선의 독립을 침해하거나 한반도에 영토적 야욕을 갖지 않습니다. ㅇㅇ.

… 믿어봅니다.

영국은 청일 양국의 베이징 교섭을 주선.

駐淸-朝鮮 겸임공사
니콜라스 R. 오코너

駐淸 대리공사
고무라 주타로

원. 청과 일본 두 나라는 모두 우리 영국의 소중한 우방 교역국이니 모쪼록 싸우지 말고 말로 잘 풀어봅시다~ㅎ

런던에서 아오키는 로즈베리 백작에게 열심히 알랑거렸고.

외무부 장관 로즈베리 백작

차 문화 하나만 봐도 두 섬나라가 영혼의 쌍둥이 아니겠습니까~

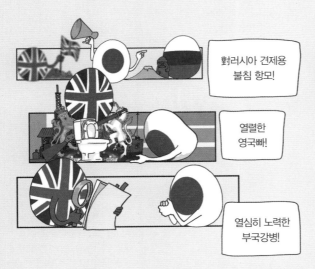

對러시아 견제용 불침 항모!

열렬한 영국빠!

열심히 노력한 부국강병!

일본이 극동에서 영국의 충실한 따까리가 될 것이라는 무쯔의 대전략을 납득시키는 데 성공.

그리고 1894년 3월, 글래드스턴의 은퇴로 로즈베리 백작이 총리 승계.

84세에 총리질, 더는 무리다;

오메데또~

40대 총리가 세계를 주무른다!!

이어서
1894년 7월, 기존의 불평등조약이었던
영일수호통상조약을 개정한
영일통상항해조약 성립!

**외무부 장관
킴벌리 백작**

조인 1894. 7. 16.

"이 조약은
일본에 청군 수만 명을
무찌르는 것보다
더 가치 있는 일일 것이오."

(그러니까
청일전쟁 벌일
필요 없다고 개전을
만류하는 발언임.)

(관세는 아직 협정 관세가
유지되어 목표에 미진했지만)
가장 문제시되었던
영사 재판권 폐지로
평등조약을 달성했습니다!

옛다,
문명국 대접
해주마.

꺼흑, 아리가또!!
열강 1짱 영국의 승인으로 이후
다른 열강과의 조약 개정도
스트레이트로 착착착!

36년 만의 불평등조약 개정으로
일본 조야는 환희의 도가니行.
(일반 대중 공개는 한 달 후.)

문명국
자격증 겟또다!

이 기세로 지나도
때려부수자!!

앞으로의 전쟁에 대해서도
국내외의 지지세가 굳혀지다.

160

그렇게 런던에서의 불평등조약 개정 소식과 함께
베이징에서 일본은 교섭 결렬 선언.

7월 14일, 절교장 전달.

청국과는 더는 말이
통하질 않으니
단교하겠습니다. ㅇㅇ.

크으으읆ㅇ눎!#$%!!
영국놈들을 믿다니,
내가 b#ㅅ이었구나….

전쟁은…
피할 수 없는 건가….

…아무리 따져봐도
지금 우리 군대로 전쟁해서
이길 가능성은 제로에
수렴하는데….

그래, 너네 요구 다
들어줄 테니 테킷 이지~
싸우지 말자고~ㅎ

걍 일본놈들 요구대로
조선 속국 간판 포기하고
간섭권 분점안 받아들이면
안 되려나….

－라는 망발은
중화 천자국에
절대 있을 수 없소이다!!!

왜놈들에게
굴복하는
굴욕을 천조에
안기겠다고?!!

족바리한테
쫄?

30년간 양무운동인지 뭔지
열심히 했으면 군대로
성과를 보이시오!!

북양대신이
직무유기 안 했다면
제대로 싸울 수
있겠지!

아오오오;;
가불기 제대로네;

전쟁 패전 책임자든
굴욕 협상 책임자든,
어느 쪽이든 커리어
끝장이여;;

아, 그 부분에 대해
윗전에서 살짝 견해가
있으신 듯 말입니다～

예?

경친왕 혁광
(서태후 딸랑이)

올 하반기가
태후마마 환갑 축제
기간이잖소이까－

내 환갑에 전쟁이라니
상서롭지 못하구료!

태후마마 환갑 기념 사업에
쓸 돈도 부족한데
전쟁은 무슨 놈의 전쟁.

조선이 중하다 하지만, 태후마마 환갑보다 중하겠소?

하늘에는 영광! 땅에는 평화!!

어떻게든 전쟁을 피하는 방향으로 생각해봅시다. ○○?

…어이가 심우주로 향하는 최고 권력의 미친 망발 같습니다만…

놀랍게도 저 망발이 이 상황에 도움이 될 수 있다!!!

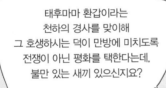

태후마마 환갑이라는 천하의 경사를 맞이해 그 호생하시는 덕이 만방에 미치도록 전쟁이 아닌 평화를 택한다는데, 불만 있는 새끼 있으신지요?

오우~;;

해피 버스데이~

서태후의 철권 앞에서는 찍소리 못 하는 청류파 나부랭이들 입을 이 환갑잔치로 막을 수 있을지도?!

워~ 워~ 섣불리 황실 카드를 만지작거리지 마시오~

음?

호부상서 옹동화

광서제 (23세)

7월 14일, 어전회의에서
對일본
강경 대응 하명.

제11장

Ultimatum

결코 다시 전쟁 ㄱㄱ!!

으음::
일단 그럼 아산에 병력을 계속 더 보내보겠습니다;

젊은 황제의
강력한 전쟁 의지하에
청군 병력 증파.

서울

인천

7월 17일,
1300명 증원.

아산

아산의 청군 병력은
3500명에 달하게 된다.

전주

부산

거, 서울의 일본군한테
쫄리지 않도록
아산으로 병력 재깍재깍
많이 좀 보내주십쇼!

조선 파견군 제독 섭지초

166

자금성에서 철수하지 말라는 뜻이 강하게 내려왔다고도 하고.

아니, 서울과 인천의 일본군이 8천 명이라는데;; 우리가 아산에 계속 머물러 있다가는 벽지의 외로운 군대가 되는 건 아닐지 걱정이오만;;

총병 섭사성

만주에서 육로로 조선행 ㄱㄱ!

7월 21일, 만주에서 병력 1만 명이 출동해 압록강을 건넌다고 하니.

총병 좌보귀   총병 마옥곤

의주

청군 1만 명

평양

그리되면 서울의 일본군을 남북의 청군이 아래위로 밀고 누르는 형국이 되는 것!

일본군 8천 명

서울

인천

아산

청군 3500명

전주

부산

그렇게 대충 형세를 유지하며
큰 싸움 없이 버티고 있으면
일본군도 섣불리 움직이지 못할 게고!

그러다가 대충 협상이 진행되면
전쟁이 대충 끝나겠지!

위에서도 그런
전쟁 흐지부지 시나리오를
희망하고 있음요!

엄….

일본군
히로시마 대본영

청군 1만 명

9여단 8천 명

청군 3500명

현재 우리 육군 상비사단
숫자는 7개!

조선의 9여단에 추가로
1~2개 사단을
보내고자 합니다.

육군 참모차장
가와카미 소로쿠

1개 사단 총원 : 1만 8500명

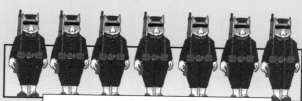

7개 상비사단 총원 13만 명에
예비역 동원 전시 편제로 20만 명이
무장 대기하고 있습니다.

이에 대해 청군은
근대식 편제가 아니라서
병력 추산이 어렵지만,
제국 전체로 보면
대충 총병력
60만 명 정도라 하는데.

이 중 근대식 군대는
1할 남짓인 듯?

이 전쟁의 주력이 될
근대식 군대는 회군 병력
약 3~4만 명 정도로
추산됩니다.

이 전쟁, 해로를 통한
병력과 물자 수송이
승패의 관건이 될 터.

섬나라니까
당연한 얘기지만.

뭣보다
병력 수송 루트인 황해에서의
제해권 장악이 필수적입니다.

결국 북양함대와
한판 붙어서 깨뜨려야
이 전쟁을 이길 수 있다는 것!

1894년 7월 18일,
연합함대 출범.

연합함대,
그 레전설의
Begins!

이를 위해 기존의 상비함대에
경비함대를 합쳐 전시 편제인
연합함대를 조직토록 합니다.

연합함대 초대 사령장관 이토 스케유키

뭐, 그러면 이제 전장이 될
조선은 어떻게 처리할 것인지?
청의 동맹국으로 간주하고
점령해서 군정 실시?
그리고 그대로 꿀꺽?

…그보다는 좀 더
세련되게 진행해야 함.

애초에 전쟁 명분이
조선에서의 청의 우월적 지위 불인정
(& 일본의 조선 내정 간섭권
인정 요구)인 만큼,

일단 조선을
우리 편에 줄 세운 그림으로
전쟁을 시작하는 게 상책이지요.

으어어.

좋게 말할 때
이쪽으로
넘기쇼.

미개
중화 질서를 벗어버리고!
함께 근대의 광명으로!

–라는 행동 지침을
하달받았음….

예?
뭐라고요?

외아문사무
김홍집

아니, 우리 조정에서
자체 개혁안을 마련하고
교정청도 설치했으니까
내정 개혁은 시비 삼지
말아주시죠;

170

됐고, 이제 최후통첩 받으시오.

예?;;

일본 정부의 對조선 최종 요구 사항입니다.

7월 20일, 일본의 최후통첩 전달.

● 조선에서 청군 철수!

가짜 중화 만주족 놈들! 절교다!!

● 일본군의 조선 주둔! 이를 위해 조선 측에서 일본군 주둔지와 막사 제공!

충실한 꼬붕이 되겠습니다~

● 전통 조공 관계를 비롯, 조선이 청과 맺은 모든 조약 폐기!

● 서울에서 일본까지 군용 전신선 가설!

아니;; 이건;; 그냥 항복 요구잖아?!;;

어, 일단, 베이징과 이 얘기로 어떻게 논의 가능할지;; 원세개 좀 불러보도록.

중국놈들은 적어도 병력 주둔은 안 하려고 하는데, 왜놈들은 왜 저리 병력 박는 데 집착하나?

글쎄요;;

원세개 이 ㅅㄲ 전화 안 받는데요?

아, 원세개 형님은…;;

저한테 중국 상무 공관을 맡기고 튀었습죠;;

駐조선 청 상무 대리 당소의

7월 19일, **원세개 Run.**

아, 중국 공사가 일본놈들한테 잡히면 곤란하죠;;

변복하고 서울에서 철수하는 중국인 사이에 숨어서 튐.

으어어어어어~ 원세개스키!! 저럴 줄 알았다!!

일단 어떻게든 일본 공사에게 잘 좀 말해서 시간 좀 끌어봐봐!! 대충 들어주는 듯한 뉘앙스로;;

아, 청군 철수는 원래 우리 조정 입장이니 이견이 없는 부분이고요,

조청 관계 재설정 문제는 이제 청 측과 교섭을 진행할 것이니, 경과를 지켜봐 주시면….

응, 시간 떼우기 수법은 안 통하고요.
이제 일본의 권리와 관심사를 위해
무력이 동원될지도 모르겠네요.

아니, 저기요;;
무력이라니요;;
그런 숭한 말씀 안 하셔도
충분히 쫄았거든요;;

김대감께서는
깨인 분이시니…

앞으로
전개될 새로운 국면에서
큰 역할을 맡으실 수
있을지 어떨지….

예?;;

위기가 고조되는 서울의 7월,
일본 측의 다른 공작들도 순조롭게 진행되었고.

나라 안팎의 난국을 맞아 대원위 합하를
찾는 조선 백성의 갈망이 나날이
두터워지는 듯하옵니다~ㅎ

음, 역시 일본놈들은
객관적 인사이트가
있구먼.

일본 공사관 서기관 스기무라 후카시

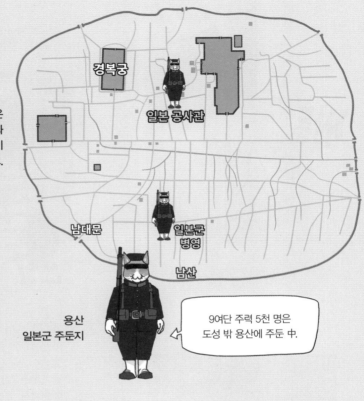

이때 일본군 병력은
도성 안 일본 공사관과
남산 병영에 수백 명이
들어와 있었고.

경복궁

일본 공사관

남대문

일본군
병영

남산

용산
일본군 주둔지

9여단 주력 5천 명은
도성 밖 용산에 주둔 中.

So,
용산의 주력 부대 도성 진입을 위해
남대문 점거 & 돌파를 실시.

제국의 명운을 건
이 전쟁,
우리가 시작한다.

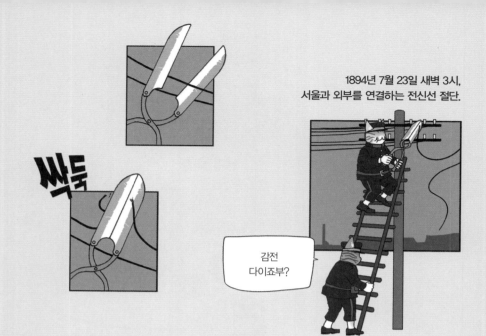

1894년 7월 23일 새벽 3시,
서울과 외부를 연결하는 전신선 절단.

감전
다이죠부?

동시에
남대문을 향한
진공 개시.

War Begins!

아…
양대…;;

176

경복궁
Has Fallen

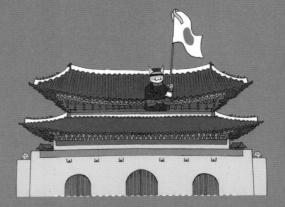

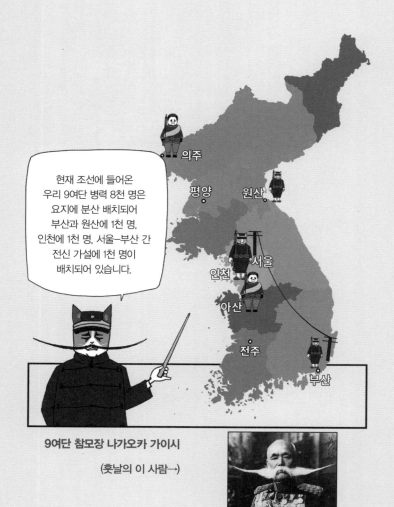

현재 조선에 들어온 우리 9여단 병력 8천 명은 요지에 분산 배치되어 부산과 원산에 1천 명, 인천에 1천 명, 서울-부산 간 전신 가설에 1천 명이 배치되어 있습니다.

의주

평양   원산

서울

인천

아산

전주

부산

9여단 참모장 나가오카 가이시

(훗날의 이 사람→)

또한 임진강 등의 주요 도하 포인트들에도
1개 소대씩 말뚝 경계 中.

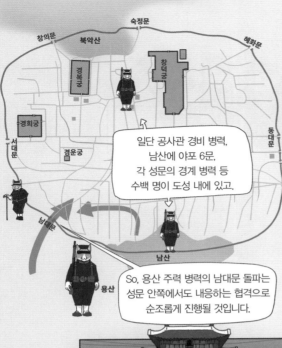

따라서
이번 경복궁 점령 작전에
동원되는 병력은
서울의 2개 연대,
약 5천 명인데.

일단 공사관 경비 병력,
남산에 야포 6문,
각 성문의 경계 병력 등
수백 명이 도성 내에 있고.

So, 용산 주력 병력의 남대문 돌파는
성문 안쪽에서도 내응하는 협격으로
순조롭게 진행될 것입니다.

끄악?!!
왜적 기습??!?

가토 기요마사
이래 300년 만의
왜군, 남대문 돌파!!

두둥

내응 협격이었는데도
돌파에 1시간 걸렸다;;

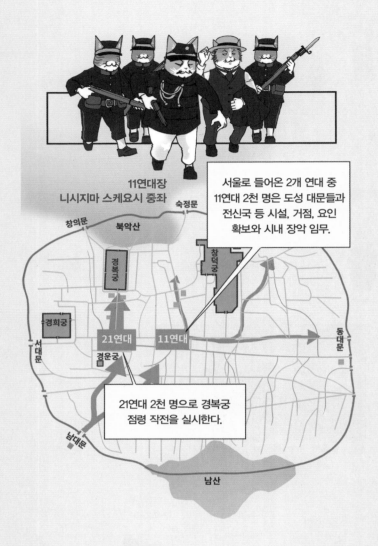

11연대장
니시지마 스케요시 중좌

서울로 들어온 2개 연대 중
11연대 2천 명은 도성 대문들과
전신국 등 시설, 거점, 요인
확보와 시내 장악 임무.

21연대 2천 명으로 경복궁
점령 작전을 실시한다.

창의문
숙정문
북악산
경복궁
창덕궁
경희궁
21연대
11연대
동대문
서대문
경운궁
남대문
남산

21연대장
다케다 히데노우 중좌

서울의 조선군 병력은
장위영 2600명, 통위영 2500명, 총어영 1500명,
기타 병력 합쳐 8천 명이 있고.

경리청

북한산성

도성 바깥
북한산성과 탕춘대성에
경리청 병력 1500명까지.

숙정문

북악산

혜화문

경복궁

창덕궁

장위영

총어영

경희궁

전신국

서대문

경운궁

동대문

하도감

통위영

명부상으로는
약 1만 명에 가까운
만만찮은 병력이 있었다지만.

남대문

남산

도성 안은 집값이
비싸서 외곽의
베드타운에서
출퇴근하기도.

그 병력 대부분이 집에서
병영으로 출퇴근하는 방위들.

삑~ 퇴근 처리
되었습니다~

매우 선진국
군대 같군요.

새벽 3~4시의 일본군 기습에
바로 대응할 병력이 모이는 건
시간이 좀 걸릴 것.

으의?
뭔 난리여?;;

북괴가
미사일 쐈나?!

장위영 장위사 이종건도
집에서 자고 있고,

통위사 신정희도,

총어사 한규설도
집에서 자고 있음.

꼭두새벽에
비상연락망이
뭔 난리냐…;;

그런데 문제는 앞서 6월 16일,
조선 국왕이 경복궁으로 이어하면서
경복궁 경비 증강 조치를 취함.

평양 애들
불러오라우!

날래
왔습네다!

평양 친군 서영병 5개 초와
평양 감영병 등
600여 명을 경복궁에
박아놨다지 말입니다.

서울 간나들은
문약하디요.

이들 병력은 출퇴근이 아니라
경복궁 건물에 입주,
숙식하며 말뚝 경비를 서고 있다.

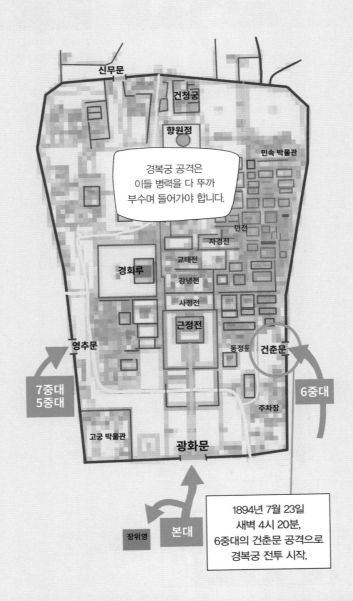

경복궁 공격은
이들 병력을 다 뚜까
부수며 들어가야 합니다.

신무문

건청궁

향원정

민속 박물관

던전

자경전

교태전

경회루

강녕전

사정전

근정전

영추문

동정둔

건춘문

7중대
5중대

6중대

주차장

고궁 박물관

광화문

장위영

본대

1894년 7월 23일
새벽 4시 20분,
6중대의 건춘문 공격으로
경복궁 전투 시작.

건춘문

하지만 문짝이 튼튼해서
건춘문은 뚫지 못한다.

일본군은
조선 수비병들의
거센 저항을 뚫고,

문짝에
폭약 설치.

아, 진짜,
무대뽀(無대포)라서
이 고생인가;;

까아익!!

5시, 영추문 폭파.

아오; 이 정도면
밥값은 한 거지;

영추문을 뚫고
들어오는 일본군에
조선 수비병들 패퇴.

영추문으로 들어온
일본군 병력은
광화문으로 질주.

이어서 건춘문까지 병력이 진출해
건춘문 수비진도 붕괴.

건춘문을 돌파한 일본군 병력은
담장을 따라 북쪽으로 질주.

이대로
넥서스 ㄱㄱ!

신무문

건청궁

향원정

민속 박물관

일본군이 신무문
근처에 도달했을 때,

자경전

교태전

연전

경회루

강녕전

사정전

근정전

영추문

동정문

건춘문

주차장

고궁 박물관

광화문

정글 왕귀!!

왜 Shall
not pass!!

헉!
매복인가?!

신무문

신무문에서
서영병 500명이
쇄도.

겜 터지기 전에
한 명이라도
잡고 가자!!

총 쏘는
총이다!

투당
투탕
타다당
탕

평양 안동 현감 민영순이 이끄는
평양 병력에 의해 이날 가장
요란한 총격전이 벌어지고.

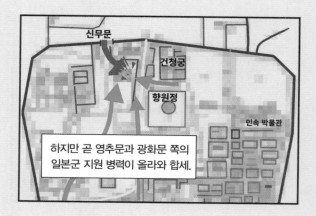

하지만 곧 영추문과 광화문 쪽의
일본군 지원 병력이 올라와 합세.

김가진이 총알을 무릅쓰고 함화당으로 진입.

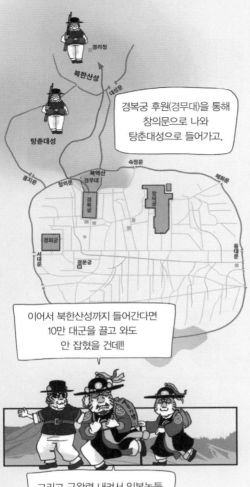

경복궁 후원(경무대)을 통해
창의문으로 나와
탕춘대성으로 들어가고,

이어서 북한산성까지 들어간다면
10만 대군을 끌고 와도
안 잡혔을 건데!!

그리고 근왕령 내려서 일본놈들
아주아주 괴롭혀줄 수도
있었을 건데! 엉?!

But, 진짜 그랬다가는 일본놈들이
바로 대원위 합하와 짜고
이준용이를 임금으로
등극시키겠죠.

컥;

망할 아들놈이 그리
잘 튀어준다면 아주
땡큐지~ㅎ

일본놈들이 대원위 합하 꼬실 때 분명 이준용의 왕위에 대한 언질을 흘렸겠지요.

적장손께서 풍채가 좋으셔서 용포 핏이 꽤 좋으실 듯요?~ㅎ

But, 일본놈들에도 임금을 갈아치우는 건 하책일 터.

트루 킹 군밤왕 만세!!

대원위 합하 손자가 진짜 왕이다!!

청일전쟁 국면에서 조선이 두 임금의 내전 상태로 돌입해 일본군을 귀찮게 하는 건 별로 좋은 일이 아니니.

So, 전하께나 일본놈들에게나 전하께서 보위를 유지하신 채로 사태가 잘 마무리되는 게 최상책입니다.

…왕위는 확실히 보장한단 말이지?

○○, 물론입죠. 천박하지 않은 손동작으로 맹세합니다!

7월 23일 7시 반,
임금의 교전 중단
교지 하달.

병사들
열심히 잘 싸웠다.
이제 무기 내려놓고
다 쉬도록 하라!

고생들 했으니
모닝 아아
한 잔씩들 돌리고.

그렇게 경복궁 전투는
일본군의 승리로
끝났습니다!

일본군 전사자는 1명.
(실제로는 더 많았겠지만.)
조선군 전사자는 불명.

오늘
브런치는 서촌
잠봉뵈르다!!

PS. 서울 시내에서는
궐외 병력들이 오후까지
삐팅기기도 했습니다만.

아니, 왜 우리
빼고 진행함?!
창덕궁에서 다시 해!!

굽씨의 오만잡상

2011년 당시 유인촌 문화체육부 장관이, "을미사변 때 당한 건 경복궁 담장이 낮아서"라고 농을 던졌다가 작은 설화가 된 일이 있었습니다. 물론 정말 담장이 낮아서 그리 쉽게 당했다는 것은 아니고, 다른 나라 성곽과 비교해 조선 궁궐의 담장은 비교적 덜 위압적이라는 이야기를 하면서 나온 드립이었겠지만···. 확실히 경복궁은 1894년의 청일전쟁 때도, 다음 해의 을미사변 때도 속절없이 일본군에 점령당했지요. 물론 일본군이 낮은 담장을 쉽게 넘어 쳐들어온 건 아니었고, 모두 대문이 뚫리며 점령당했습니다. 사실 경복궁 담장의 평균 높이는 5m로 그리 낮은 담장도 아니었지요. 담장을 넘으려고 마음먹는다면 사다리를 걸쳐서 넘을 수야 있긴 하겠지만, 그렇게 넘는다고 해서 생각만큼 크게 유리한 부분은 없지 않나 싶습니다. 작은 성루인 궐문들을 제압하려면 어차피 강력한 물리력으로 깨뜨려야 하는 고로, 월담한 소수의 인원이 안쪽에서 서프라이즈 공격을 가한다 한들 궐문 수비병들이 버틴다면 그리 큰 이득이 없으리라 여겨집니다. (게임 오버워치 왕의 길 거점 공격을 떠올려봅시다.) 혹 담을 넘어 궁 내부 거점으로 들어가려 한들 꼬불꼬불 길고 복잡하게 이어져 있는 전각들과 내부 담장들은 실로 거대한 미궁이라 할 만한 것! 한밤중에 헤매기에 적당한 장소는 아니지요. 그냥 당당하게 궐문 깨고, 궐문부터 이어지는 궐내 대로를 따라 쭉쭉 밀고 들어가 궁이 점령되었음을 모두가 알도록 하는 것이 정공법이겠지요.

제13장

풍도해전

경복궁이 함락당한 1894년 7월 23일,
동대문의 하도감에 친군 병력들이 모여
농성을 하기도 했지만.

왜놈들한테
빠른 서렌이 웬 말이냐!
리겜 ㄱㄱ!!

원코!!

이에 호응하는 사령급이 없고,
임금의 해산 교지가 전해지며
오후 5시경 모두 해산.

크아!!
쪽팔려 못 살겠네!!

이 빡침을
동비놈들한테
풀어야겠구먼!

그리고
서울 조선군의
무기 전량 압수.

하, 템 다 팔고
던질걸…

스나이더 엔필드,

헨리 마티니,

레밍턴 롤링블럭,

마우저 등등의
라이플 수천 정.

크루프 산포와 야포 8문,

개틀링 기관총 11문 등.

이 중 쓸만한 건 마우저 소총 1천 정 정도랄까…

탄약은 서로 호환되지 않는 잡다한 탄종이 어지럽게 섞여 있고, 그 수량도 부족.

(한 달 후, 모두 반환.)

조선의 총포류 도입이 매우 중구난방이었음을 알 수 있다.

경복궁은 한 달간 일본군의 경비(점령)하에 놓이고.

점령된 궁으로 들어가는 건, 뭔가 데자뷔 느낌이….

경복궁 상황 종료 4시간 후인 7월 23일 오전 11시, 대원군 입궐.

(…와, 미친 아버지;
이제는 왜놈
앞잡이까지?)

(못난놈, 제대로
튀지도 못하냐~쯔쯔)

향후 모든 국정은
아버지께서 감독해
주시길 청 올립니다~

원, 언제나처럼
보필하리이다~

그렇게
대원군의 섭정 정권 출범.

대원군이 간판
얼굴마담.

김홍집을 영의정에 앉혀
실질적으로 정부를
이끌도록 하고.

하; 이제는
일본 따까리행인가;

민씨네와 사이 안 좋아
유배 갔던 김윤식과 어윤중 입각.

김가진과 안경수 등
외아문 관료들.

박정양, 조희연, 유길준 등

일본 꼭두각시 정권이긴 하지만, 개화파에도 기회가 오는 건가.

일본 쪽에서 접선했던 개화파 인사들 입각.

민영휘는 청군 청병 책임을 뒤집어쓰고 유배.

청군 청병은 (임금이 아니라) 저놈이 주도했다!!

그 밖에 민응식, 민치형 등 민씨 라인은 줄줄이 유배와 추방. 민씨 세력 싹그리 척결.

(말할 수 없는 상황에서 도움을 요청하는 수신호.)

경복궁 점령 다음 날 각국 공사들 접견으로 임금의 안위 확인.

뻐끔 뻐끔;;

일본놈들 징하네요;

뭐, 전쟁판이 원래 무도한 것이니….

경복궁 함락에 대해 조야에 딱히
항일 여론이 크게 일진 않았고.

좀 쪽팔리니까
걍 조용히 정변인 양
넘어가는 게 좋겠지요.

명에서 청으로 갈아탔듯
청에서 일본으로 환승도
있을 법한 일…
(환승할 때마다 임금이
대가리 박는 느낌이지만.)

일본놈들이 조선의
자주 독립을 명분 삼았으니,
크게 심한 짓이야 않겠지?

뭣보다
대원위 합하께서
섭정하신다니,

일본 앞잡이들의
100% 꼭두각시 정권은
아니라고 봐도 될 듯?

대원군 섭정 카드 덕분에
백성도 아주 크게
동요하지는 않았고.

세상 엎어지는·대란
아닌 편이 좋지.

그렇게 대충 신정권이
기능 가능할 것 같으니,

군국기무처를 출범시켜
大개혁을 진행할까요….

So～다요! 그런데 먼저 이
신정권이 가장 시급하게
행해야 할 조치가 있으오.

전쟁 수행을 위해 조선의 인력, 우마, 각종 물자를 징발해야겠소이다.

저… 전쟁을 벌써 그리 본격적으로 벌이시나요;;

○○, 경복궁 함락 이틀 후, 일본군과 청군이 교전 돌입함.

Coco NEWS 아산 근해 교전 발발!!

으어;; @#$!@!;; 왜 조선 땅에서;;;;

서울이야 뭐 한 달 전부터 사실상 일본군 수중에 있긴 했지만, 정권이 이리 쉽게 갈릴 줄이야;;

이게 어떻게 된 일인고 하니─

대원군이 저희한테 옛 원한이 있으니….

일단 아산의 우리 군에 포병 병력 증원을 보내도록.

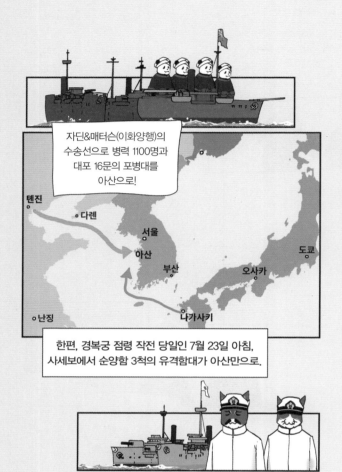

자딘&매터슨(이화양행)의
수송선으로 병력 1100명과
대포 16문의 포병대를
아산으로!

텐진
다렌
서울
아산
부산
도쿄
오사카
난징
나가사키

한편, 경복궁 점령 작전 당일인 7월 23일 아침,
사세보에서 순양함 3척의 유격함대가 아산만으로.

초보이 고조 제독

7월 25일 아침 7시, 아산만으로 향하던
日 유격 함대는 청 함선 발견.

적함 발견!!

아산에 기항 중이던
청 함선 2척이
증원 병력 수송선단을
맞이하러 기어 나온 것.

청 호위함대

제원   광을

일본 유격함대

요시노

나니와

오!

양측이 서로를 인지하고.

헉!

아침 7시 50분경,
첫 포격이 시작되었다는데.

누가 먼저
선빵을 날렸는지에 대해서는
양측 주장이 엇갈림.

족바리들이
먼저 쏨. ㅇㅇ.

참깨들이
먼저 쏨. ㅇㅇ.

다만 청 함선 입장에서는 드랍십만
빨리 내려놓고 빠지는 게 임무였고,

위에서 교전 회피,
전력 보존 방침 명령도
내려와 있었고.

일본 함선 입장에서는
아산으로의 병력 드랍을
어떻게든 막아야 하는
입장이었으니.

웨! 오지 마!
쏜다? 쏜다?!

아무래도
일본 측 선빵설이
좀 더 개연성 있….

7월 19일, 청 측에 5일 내로
병력 철수 최후 통첩했고!

5일 지났으니,
어차피 교전 상태
시작된 거거든요?!

(─라고 자기들끼리만
내부 통보해놓았음.)

중국놈들 에임
실화냐. ㅋ

짧은 포격 교환으로 일본 측 피해는
전무한 가운데, 청 함선들은
상부 구조에 큰 타격을 입고.

으아; 실사격을
해본 적 없어서
무리다;;

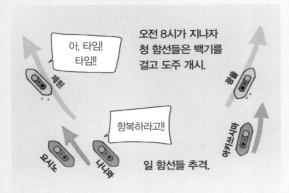

오전 8시가 지나자 청 함선들은 백기를 걸고 도주 개시.

일 함선들 추격.

광을은 도주하다가 좌초 후 자침.

제원 함장 방백경은 일본 순양함보다 느린 제원을 능숙하게 지그재그로 몰며 추격을 회피.

특히, 제원이 일본 함선들보다 흘수가 0.5m 더 얕다는 점을 이용해 0.5m 더 얕은 수로로 도주.

그러다가 풍도 앞바다에서
청 수송선단과 조우.

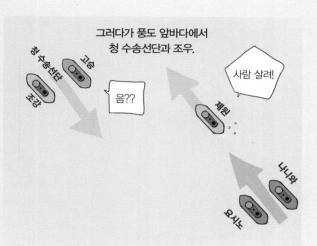

제원은 수송선을 지나쳐
계속 도주하고.

제원은 그대로 전장 이탈.

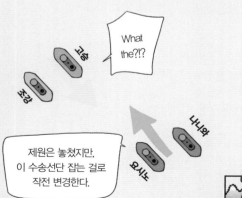

나니와가 수송선
고승호를 마크.

고승

나니와

요시노가 포함
조강을 마크.

요시노

조강

소형 포함인 조강은 조금 도주하다가
요시노에게 항복, 나포되어 끌려가고.

이후 다음 세기 중엽까지
일본 배가 되어 살아라~

수송선 고승호 나포를 맡은
나니와에서는—

허, 저것들 왜
영국 깃발을
달고 있누;;

영국 선적인
듯요;

나니와 함장 도고 헤이하치로

고승호에 장교를 보내 항복 권고.

비무장 수송선이니
얌전히 항복하고
따르오시오.

갤스워스 선장

어;
으크;;

하지만
일본 장교가 떠나자
고승호의 청 장병들은
항복 반대.

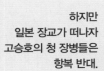

아니, 우리 이대로 땅도
못 밟아보고 일본군
포로가 될 순 없소!!

걍, 씹고 텐진으로
돌아갑시다!!

아니; 저기 일본놈들이
함포 겨누고 있는데;;

우린 텐진으로
돌아갈 거다!!

누구 맘대로?!
확 쏴버린다?!

올ㅋ, 영국 배
쏠 배짱 있으면
쏴봐라!!

그렇게 2시간 동안
고승호의 항복을 놓고
양측 간 설전,
대치가 이어지고.

아무리 영국 배라도 교전 수역에서
적 병력을 나르고 있다면 그건
격침 가능 대상이지!!

…확실한가요?;;

ㅇㅇ! 내가 이런
무슨무슨 국제법
유튭 많이 봄!

오후 1시 조금 지난 시각,
나니와 어뢰 발사.

이에 영국인 선장과
승무원들은 고승호 탈출.

어뢰 불발.

오후 1시 반,
함포 사격으로
고승호 격침.

청나라와 일본의 전쟁은
조선 왕궁 점령과 영국 선박
격침으로 시작된다.

제14장

성환전투

영국 사람 살려!!

일본 함선에서는
먼저 탈출한
영국인 선장과
승무원 구조에 나서,

청군 포병대 고문인 독일인 장교 등
50여 명을 구조해 나니와에 수용.

서양인
목숨은 귀하죠.

한편, 청병들이 탄
구명 보트 2척에 대해서는 사격 자행.

중국놈들은
다 죽어라!

우와아악!!

TA
TA
TA
TA
TA
TA

구경 나온 미, 영, 불, 독 함선들이
청병 2백 몇십 명을 구조하고

근방 어민들에 의해서도
몇십 명이 구조되고.

일본놈들,
독하다, 독해;;

셰셰;;

나머지 청병 800여 명은 대포 16문과
함께 황해 바다에 수장.

전쟁 시작부터
Z망각인데;;;

족바리들이
영국 선박을
격침시켰다고?!!

Meanwhile, 영국 선적인
고승호 격침 소식이 런던에
전해지자 여론 격분.

화나요!!

이에 일본 외교 채널은
총사죄 도게자 모드.

아이고, 어쩌다 보니
전쟁 와중에 본의 아니게
죽을 죄를 지었습니다;;

음….

사죄와 배상
받아주십사~;;

이게 참, 전쟁하다 보면
별의 별일이 다 있죠;;

더불어
여론 공작 진행.

아, 무슨무슨 국제법에 따르면
교전 수역에서 적 병력 물자 수송선은
국적 여하에 관계없이
격침 가능 대상임. ㅇㅇ.

국제법 학자들의 실드가
언론에 배포되고.

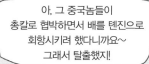

아, 그 중국놈들이 총칼로 협박하면서 배를 텐진으로 회항시키려 했다니까요~ 그래서 탈출했지!

고승호 갤스워스 선장의 일본 옹호 인터뷰가 나오고.

여론 대충 무마.

흠, 듣고 보니 일본놈들이 크게 잘못한 건 아닌 듯?

뭐, 어차피 일본 밀어주기로 외교 방침이 정해졌으니… 앞으로 잘해라.

땡큐 써~!

크악, 선별적 분노 쩌네!!

청군 1만 명

의주

평양

원산

아무튼 그렇게 아산으로의 해로는 우리 함대가 봉쇄했지만,

서울

일본군 8천 명

인천

아산

청군 3800명

전주

부산

서울의 일본군이 남북 청군에 샌드위치 당하는 상황을 타개하려면 근본적으로 아산의 청군을 처리해얍죠.

So, 1894년 7월 25일, 풍도해전 직후 서울의 9여단 병력 주력 4천 명이 아산을 향해 남진 개시.

여단장이 직접 지휘한다! A급들만 추려서 간다!

그리고 이 작전은 어디까지나 조선 측의 '의뢰'에 의한 것이죠?

예??;;

조선의 철병 요청을 청군이 무시하기에, 일본군이 조선 측의 '의뢰'를 받아 청군을 쫓아낸다는 그림!

"청군 쫓아내 주세요" —라고 해.

하;

처… 청군 …쪼… 쫓… …쫓바리!!;

그래서 이 아산 원정에는 물자 수송을 위해 인력 2천 명과 다량의 우마차 등 조선 측의 협조가 수반되는데.

피점령국의 협조라는 건, 즉 강제 징발.

왜놈들 부역하며 전쟁터 끌려가라고? 뇌 건강 다이조부?

에바지….

컥;;

다수의 조선 인부가 도주.

이에 관할 책임자 코시 소좌 자살.

하, 조센징놈들;;

청일전쟁 최초의 일본군 장교 사망.

일본군의 남진에 아산의 청군, 당황.

서울
일본군 4천 명
아산 청군 3800명

컥;; 왜놈들 왜 내려오냐?!

전쟁이니까?

아산만은 일본 해군에 봉쇄되었습니다!!

제독 섭지초   총병 섭사성

나는 공주로 가서 뒤를 확보하겠소.

님이 2500명 끌고 가서 길목 막으쇼.

…;;

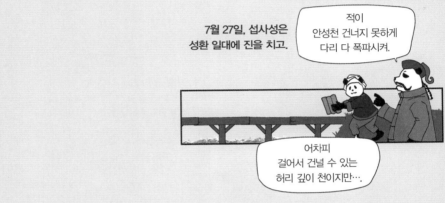

섭사성이 병력 2500명으로 성환行.

적이 평택에서 건너오지
못하도록 수비에 나선다.

7월 27일, 섭사성은
성환 일대에 진을 치고.

적이
안성천 건너지 못하게
다리 다 폭파시켜.

어차피
걸어서 건널 수 있는
허리 깊이 천이지만···

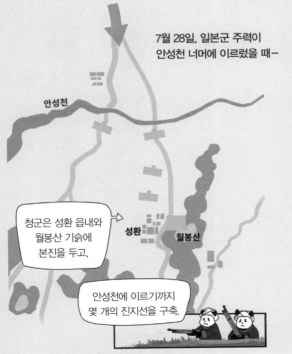

7월 28일, 일본군 주력이
안성천 너머에 이르렀을 때—

청군은 성환 읍내와
월봉산 기슭에
본진을 두고,

안성천에 이르기까지
몇 개의 진지선을 구축.

우리 군이 안성천을 건너며
젖어 흐느적대길 바라는 건가.

그리 젖어 흐물거리는 아군을
안성천과 월봉산 사이 들에서
요격할 심산인가 본데….

꾸물거릴 필요 없이
바로 오늘 밤 공격 개시!
야습으로 적의 의도를 분쇄한다!!

군을 둘로 나눠
다케다 중좌의
21연대는 우익에서
경보병 돌격!

본관이 직접
지휘하는 좌익은
상류에서 대포를
끌고 도하!

안성천

성환

월봉산

두 갈래로 진군하다가
월봉산의 적을 동시에
들이친다!

7월 29일 새벽 3시,
21연대가 안성천 도하.

여름이라 물살
시원하구먼.

1천여 명이 첨벙거리며
잘 건너옴.

But, 안성천을 건넌 선발대가 안궁리의
늪지 보에서 청군 진지의 사격망에 걸렸다!

아, 왜놈들아!
밤에는 좀 자라!!

크억!
늪지 덫이다!

투당
투탕
타다당

그렇게 일본 병사 20여 명과
지휘하던 대위가 전사한 그 보는
왜병이 몰살당한 보라 하여 이후
'왜몰보'라 불리게 됩니다.

그리 살짝 막는 시늉을 해봤지만,
결국 진지들이 줄줄이 뚫리며
성환읍까지 적이 밀려옵니다!

하; 야습이라니;
여름밤 모기가
두렵지도 않느냐;

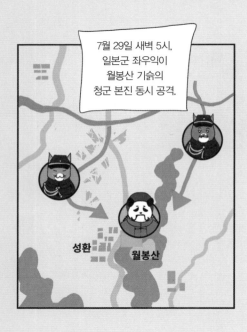

청군과 일본군은 양군 공히
8문씩의 대포로
포격전을 치렀는데,

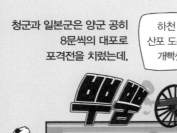

하천 도하
산포 도수 운반
개빡셌다;;

청군 포대가
일방적으로
갈려나간다.

아니, 왜 우리만
두들겨 맞는거?!

청군 포병이
대포만 근대식이고
여전히 전근대적인 눈대중
포격을 일삼았던 반면,

포격은 감이지, 감.
砲쓰를 느껴야 해.

사각! 둘하나둘둘!
평각! 삼둘오칠!

일본군은 근대식 사격 절차를
연마해 수치 장입으로
정확한 포격을 날렸던 것.

아오!! 격침된 고승호에
독일인 장교가 지도하는
제대로 된 포병대가
타고 있었는데;;

그런 게 역사의
운빨이지요.

1시간의 격전 끝에
청군은 결국 무너지고.

섭사성의 청군은 성환에서 공주까지 쭈욱 후퇴.

돔황챠!!

○ 인천
수원 ○
성환
아산 ○ 천안
충주 ○
공주

아산의 잔존 병력도 공주로 후퇴.

그렇게 성환전투는 일본제국 육군의 승리로 끝났습니다!

오늘 아침은 안성탕면이다!

청군 약 500여 명의 사상자를 낸 성환전투의 격전장인 월봉산 앞 들판.

이후, 청군이 망한 들판이라 하여 '청망이들'이라 불리게 되었답니다.

일본군 사상자는 88명.

수치스럽게 박제당했네;;

제 15 장

갑오년
그해 여름

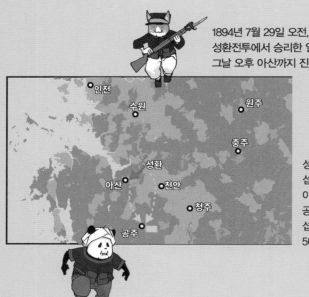

1894년 7월 29일 오전,
성환전투에서 승리한 일본군은
그날 오후 아산까지 진격.

성환에서 패주한
섭사성 병력 2천 명과
아산의 잔존 병력 모두
공주로 후퇴해
섭지초 병력
500명과 합류.

청군을 남쪽으로 계속
추격하기에는 서울을
비워놓고 와서 불안하다;

아산을 찍은 일본군은 다음 날
바로 서울로 철수.

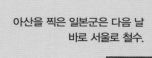

후; 일본놈들이 여기까지
내려오진 않는구나;;

그걸로 안심할 때가 아님!
여기 계속 있다가는 6·25의
남부군 빨치산처럼 고립되어
말라 죽게 될게요!!

아, 물론 이 사지를
빨리 벗어나긴
벗어나야 하는데;;

바닷길은
막혔고;;

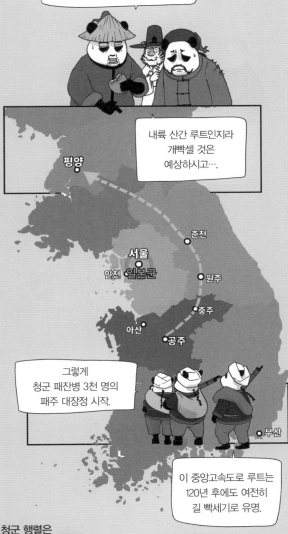

한여름 산악 지대를 행군하는 청군 행렬은
문자 그대로 거지 떼.

그나마 진군로상에서
조선 지방관들의 호의를
얻을 수 있었고,

(어;; 서울의 신정권은
일본 편에 서서
청군 쫓아내기로
방침을 정했다는데요;;)

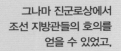

세세;;

(서울은 멀고, 청군의
총은 가깝다…;)

지역민들에게 은자를 주고
부상병들을 맡기고 가기도 했지만,

이름은 대충
춘식이라고
불러도 되죠?

왜놈들 몰아내는 데
협조하는 비용이라해!

이 떼강도
놈들이나 빨리
몰아내고 싶은데!!

결국 거대한 거지 떼가 된
청군의 행패로
진군로상의 마을들은
막대한 피해.

널어놓은 빨래까지 싹 다 털어가는
청군의 약탈에 지역민들이 들고일어나
크고 작은 충돌이 빈발하게 된다.

참깨 Go home!!

1894년 8월 1일, 청일 양국이
정식으로 선전포고.

조선은 200년간 조공해온
대청의 속국으로,
천조는 조선의 난리에 항상
도움을 아끼지 않았는데.
이번에 일본이 이유 없이 군대를 보내
서울을 들이쳐 조선의 군신을 핍박하네!
일본의 폭거에 세계 각국도 비판한다!
그리고 우리 군에 선제 공격하고!
이에 더는 인내하지 않는다!
군대를 진격시켜 왜놈들을
격멸하라!

일찍이 일본이 조선의 문을 열어
그 나라를 문명 세계 독립국의
대열에 합류시켰는데!
청국은 조선을 계속 속방이라 칭하며
간섭하고 군대를 보내고 그러네.
우리 군대를 보내 조선의 변란에
대비코자 하는데, 청국놈들이
계속 시비 턴다!
조선의 지위에 대한 청국의
불법적 억지가 우리 제국의 권익에
큰 해를 끼치며 동양 평화를
위협하니, 어쩔 수 없이 전쟁을
선포하노라! 제군의 충용으로
동양에 평화를! 제국에 영광을!

천황이 그렇게 선전포고문을
발표하긴 했는데―

폐하, 이제 전쟁 승리를
기원하기 위해 이세 신궁
참배 진행하시죠?

· · · ·

어째선지 천황은 격노하며
이세 신궁 참배를 한 번 엎었다고.

무쓰히토 천황이 청일전쟁 개전에
대해 매우 불쾌해했다는 부분은─

대신들이 임금 의견 따위는 1도 신경 안 쓰고
지들 멋대로 전쟁을 추진하는 데 삐진 거라고도 하고.

서울에서는 일본군의 중국 상인들에
대한 압류(약탈)가 진행되고.

8월 2일, 청 상무 대리 당소의는
영국 총영사관의 도움으로 서울의
잔류 관민 200여 명과 함께 조선 탈출.

서울 화교 상업 천하 10년이
이렇게 막을 내리는구나;;

서울과 아산이 정리되었으니,
전쟁은 이제 다음 단계로!
조선에 추가로 병력을 증원,
평양의 청군을 친다!

조선에 주둔한 9여단의
상급 본대인 5사단이
7월 30일 조선行.

이어서 8월 14일에
3사단이 조선行.

5사단장
노즈 도간 중장

3사단장
가쓰라 테프타로 중장

이 5사단과 3사단을 합쳐 1군으로 편성.
(5사단장 노즈 도간 중장이 1군 사령관.)

그렇게 조선의
일본군은 3만 7천 명의 군세를
이루게 되는 것이다!

북쪽에서는 청 북로군 1만 3천 명이 천천히 평양을 향해 내려옴.

거, 오늘 내로 평양 들어갑시다;; 압록강 건넌 지가 언젠데;;

아, 조또 마떼; 잠깐 일 좀 보고요;

총병 마옥곤   총병 위여귀

....

자, 오늘 일수 찍자~ 수금 시간입니다~

위여귀는 군자금으로 장병들에게 돈놀이를 하는 재테크로 소문남.

이들 위군은 8월 4일에 평양 입성.

이어서 좌보귀와
풍승아의 청군도
8월 9일에 평양 입성.

평냥 다 디졌다.
츄릅~

평양에 청군 32영 1만 3500명이 진주한다.

으어어어;; 이래도
되는 걸까;;;

서울에서는 일본을 등에 업은
대원군 정권 들어서서
민씨들 싹 다 쫓아내고,

청군을 적대하는 걸로
방침 정했다는데요;;

평양의 사또— 평안감사 민병석

걱정 말라해. 우리 사람이
왜놈들 다 쫓아내고,
민씨 정권 다시
복귀시켜 준다해.

아, 예…
믿어봅니다;;

친일 정권이 수립된 조정에서는 새 평안감사를 보내지만.

신임 평안감사 김만석

이 대립 관찰사 사태를 두고 평안도 사람들은—

8월 15일, 국가개혁 최고평의회인 군국기무처 출범!

군국기무처의 주도 세력은
민씨 정권에서 푸대접받던
온건개화파 관료들.

외교 전문가
김윤식

재정 전문가
어윤중

김홍집

일본통
안경수, 김가진

유학파도 같은
개화파로서 군국기무처에
함께 참여하긴 하는데,
살짝 결이 다른 느낌도.

박정양   유길준   조희연

근대적 식견을 갖춘
이 개화파 관료들은 개항 18년의 기간 동안
절차탁마해온 인재들로

개화의 새싹

으어어; 미친
역적놈들 때문에;

갑신정변과 이어진
개화파 숙청의 불바다를
어찌어찌 헤쳐나오고,

민씨 척족 권력 독점하에서
따까리 노릇하며
푸대접받다가,

閔

아오, 더러운 민씨
외척놈들;

오늘에 이르러
결국 권력을 쟁취!!
국가 항로의 키를 잡는 데
성공하게 된 것입니다!!

(남의 힘과 의도에 의해서이긴 하지만…)

아니, 권력을 쟁취한 건
개화쟁이들이 아니라
대원위 합하인뎁쇼?!

우리 흥
Forever!

…현재로서는 이게
대원군 섭정 정권인지라;;

우리 애들도
개화질 시키면
잘할 거라니까요? ㅎㅎ

군국기무처에는 대원군 수하
친흥파 인사들도 포진.

박준양   이원긍   이태용

뭣보다,
우리 큰손자한테 감투 하나
씌워줘야겠는데~

ㄴㄴㄴㄴ!
그건 절대로
안 됨!!!

이준용

임금은 이준용의 입각에 대해
반대의 뜻을 분명히 밝혔으나─

크악!!!!
@#!#$%!

삼촌 전하, 제가
열심히 나랏일
덜어드릴게요~

대원군의 강권으로 이준용은
내무협판과 통위사 감투 획득.

통위영 병력
Get~!

뭐 아무튼 저렇게
대원군 세력도 있고,
개화파도 내부적으로
라인이 슬슬 갈리고 있고….

갑오년 정국의 개화파 정치판이
어떻게 분화되어 갈지~
나라를 제대로 개화로 이끌어
나갈 수 있기를 기대해주십사~

제16장

평양성

1894년 8월 17일,
내각 회의.

이 전쟁을 통해 향후 조선을
어떻게 처리할지에 대한
4가지 방안이 있습니다.

甲안) 전쟁 이후, 조선을 방기하고 군대 철병.
자주 독립이든 근대화든 뭐든 알아서 하라고 놔줌.

굿 럭.

쿨 거래
ㄱㅅ~

乙안) 조선은 자립할 능력이 부족하므로
상당 기간, 또는 영원히 일본의 보호와
지도 편달하에 두도록 한다.
(일본의 이익선 內로 확보.)

오야붕과 꼬붕!
형제의 술잔을
나눈기라!

이는 영국의
이집트 보호국化와
같은 것입니다.

丙안) (전쟁이 예상보다 잘 안 풀릴 경우)
영국의 권고대로
조선의 보호권을
청과 일본이 공동 분점.

싸우지들 말고
피쓰해, 피씩!

엄마가 좋아?
아빠가 좋아?

…다뒤좀.

238

丁안) 세계열강의 공동 보증으로 조선을 벨기에, 스위스와 같은 국제 중립국화.

오오, 뭔가 조선도 이제 초콜릿 잘 만들 수 있을 것 같은 기분이 드는군요!

물론, 최선은 乙안인 조선 보호국化입니다. 상식적으로 이득 없는 전쟁을 벌일 이유가 없지요.

기대하시라~

내각회의 결과 乙안으로 결정.

근데 보호국 어쩌고는 좀 위선적인데,

그냥 류큐처럼 영토로 합병해버리면 안 됨?

워워. 모든 건 다 절차가 있기 마련. 열강이 주시하고 있는데(특히 러시아), 그런 무지성 합병은 무리임.

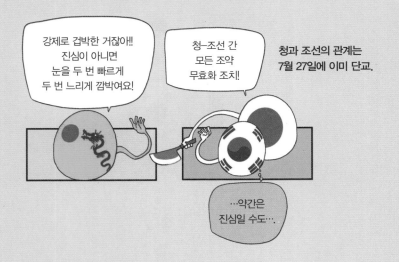

강제로 겁박한 거잖아!! 진심이 아니면 눈을 두 번 빠르게 두 번 느리게 깜박여요!

청-조선 간 모든 조약 무효화 조치!

청과 조선의 관계는 7월 27일에 이미 단교.

…약간은 진심일 수도….

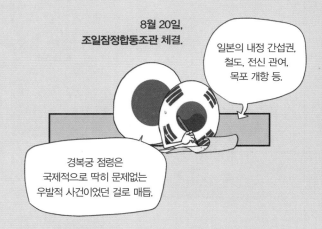

8월 20일, 조일잠정합동조관 체결.

일본의 내정 간섭권, 철도, 전신 관여, 목포 개항 등.

경복궁 점령은 국제적으로 딱히 문제없는 우발적 사건이었던 걸로 매듭.

이어서 8월 27일, 조일맹약 체결.

청나라가 항복할 때까지 조선과 일본 군사 동맹! 동료다! 동료!!

딱히 동원할 군사 없는데;;

조선의 인력 수천과 우마차,
기선 수십 척 징발.

반면 평안도에서는 평안감사 민병석을 필두로
조선 지방관들이 청군에 협조 中.

경복궁 전투 당시 일본군에 맞선 후
평양으로 돌아간 평양 기영 병력
수백 명도 청군에 합류.

평양 백성은 청군의
방어진지 건설에 끌려가는 등
온갖 행패와 약탈에 시달린다.

7월 29일의 성환전투 패배 후, 한반도 중부 내륙 루트를 통해
패주한 아산 방면군이 8월 21일에 평양 입성.

크앳! 돌이켜 보면 이게 다 저 인간 오더가 똥망이라 이리된 게지!!

아산에서 꿈지럭거리고! 병력 쓸데없이 나누고!

같은 섭씨끼리 이제와서 남 탓하지 맙시다~

섭사성과 섭지초의 갈등 분출.

아니, 나는 聶씨고 그쪽은 葉씨!! 중국어 발음도 다른 생판 남의 성씨구먼!!

캬악! 돌아가서 다 까발리겠다!!

이에 섭사초는 섭사성을 본국으로 소환 조치.

어휴, 남탓충 추방.

그리고 이제 평양성에는 4명의 장군이 자리하게 되는데,

이들 총병의 지휘 서열은 모두 동격.

서열 정리가 좀 필요하겠군요.

| 섭지초 병력 2천 명 | 마옥곤 병력 3천 명 | 위여귀 병력 6천 명 | 좌보귀 병력 3천 명 |

회군 윗선에 좀 더 줄이 많은 섭지초가 조선 출병군 제독으로 임명된다.

어휴, 아무래도 나님이 조선에서 많이 굴렀으니 제일 적당하겠지요? ㅎ

• • • • • • •

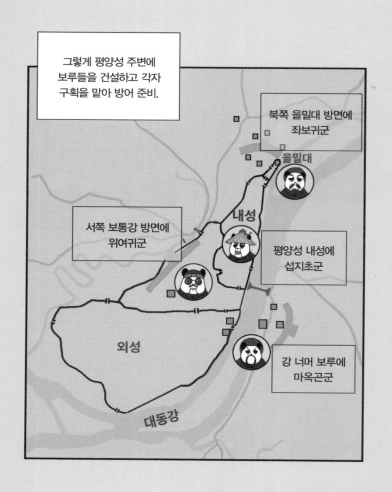

그렇게 평양성 주변에
보루들을 건설하고 각자
구획을 맡아 방어 준비.

북쪽 을밀대 방면에
좌보귀군

을밀대

내성

서쪽 보통강 방면에
위여귀군

평양성 내성에
섭지초군

외성

강 너머 보루에
마옥곤군

대동강

이에 일본군 1군은 평양성 조기 진공을 계획.

한반도에서 청군을
신속히 축출할
필요가 있다.

혹시 청군이 이기면
민씨 천하가
다시 복구되겠지…?

조선의 권문과 지방관들은
청에 붙을지 일본에 붙을지
눈치 보고 있으며,

평양에 청의 대군이
내려와 있다고 하니 서울이
다시 한번 뒤집힐 수도….

민심도 뒤숭숭한 가운데
불온한 공기가 짙어져 간다.

So, 평양의 청군을 단방에
박살 내고 한반도에서
눈치게임의 여지를 없앤다!

원산에 상륙한
3사단 선발대 4700명을
평양으로 진군시키고,

서울의 5사단 주력인
9, 10여단으로 평양 진공!
총병력 1만 6천 명!!

9월 1일, 일본군 진공 개시.

조선 장위영 병력
60여 명도 함께
갔지요.

9월 7일,
청군 기동대 7천 명이
일본군 요격을 위해 남진해
중화에 도착.

부스럭

부스럭

한밤중, 중화에 다른 길로 도착한
청군 부대끼리 아군 오인 사격 발발.

그렇게 20여 명이 죽고 100여 명이
부상당한 채 청군은 평양으로 퇴각.

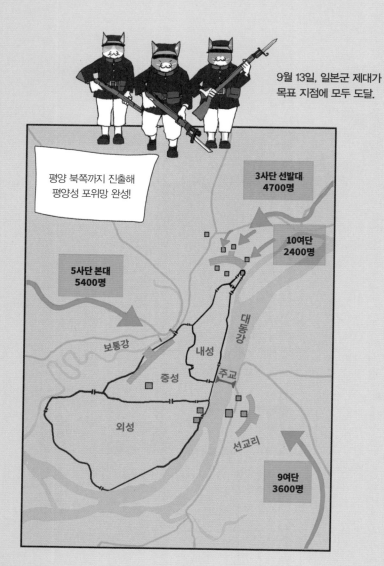

9월 13일, 일본군 제대가
목표 지점에 모두 도달.

평양 북쪽까지 진출해
평양성 포위망 완성!

3사단 선발대
4700명

10여단
2400명

5사단 본대
5400명

보통강

내성

대동강

중성

주교

외성

선교리

9여단
3600명

뭐, 싸우지도 않고
싹 다 성으로
도망쳐 오네;;

일본군 도착과 동시에
북쪽 성 밖의 보루들은
대충 다 무너지고.

9월 14일, 청군 작전 회의에서
섭지초가 퇴각 주장.

이거 절대 못 이김.
탄약도 부족하고.
일본군 다 모이기 전에
성 버리고 압록강까지
쭈욱 튀어야 함.

뭔 개소리여!!
싸워보지도 않고 튀겠다는 인간이
왜 평양성으로 기어 들어와서
멀쩡한 군대에 분탕질이냐!!

팩!!

작전회의에서
좌보귀와 섭지초,
'물리적 충돌'.

크악!
항명이다?!

등신 오더는
안 듣는다!

그냥 각자 맡은 라인
알아서 잘하도록 합시다.
ㅇㅇ.

청군 지휘 체계 붕괴.

9월 15일 새벽.

급히 오느라 탄약도 식량도 충분치 않으니 바로 속전속결로 들이친다.

5사단장 노즈 도간 중장

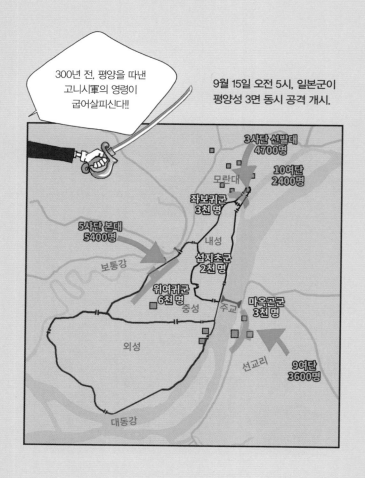

300년 전, 평양을 따낸 고니시軍의 영령이 굽어살피신다!!

9월 15일 오전 5시, 일본군이 평양성 3면 동시 공격 개시.

3사단 선발대 4700명

10여단 2400명

좌보귀군 3천 명

모란대

5사단 본대 5400명

내성

섭지초군 2천 명

위여귀군 6천 명

중성

마옥곤군 3천 명

주교

보통강

외성

9여단 3600명

선교리

대동강

대동강 동안에서 다리를 지키고
일본군의 포격 공간을 주지 않기 위해
조성한 청군의 수비진은 매우 강고했으니.

참호선 제대로
만들어 놨구먼;;

배수진으로
방어+10!

투당
투탕
타다당

9여단장
오시마 요시마사 소장

반자이!!

일본군의 돌격으로
백병전까지 벌어지고.

반자이는 개뿔,
반포 자이 만세다!!

왜놈 컷!

결국 14시경,
일본군은 140여 명의 전사자와
290여 명의 부상자를 내고 퇴각.

크윽; 아침, 점심
다 굶고 싸우느라
힘이 없다;;

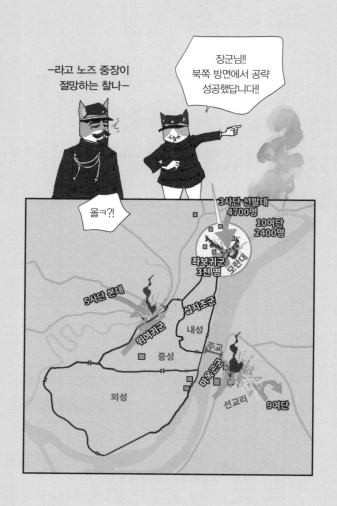

모란이
필 때까지

평양성 북쪽에
뿔뚝 솟아 있는
모란봉 언덕.

그 언덕에 세워져 있는 돈대, **모란대**

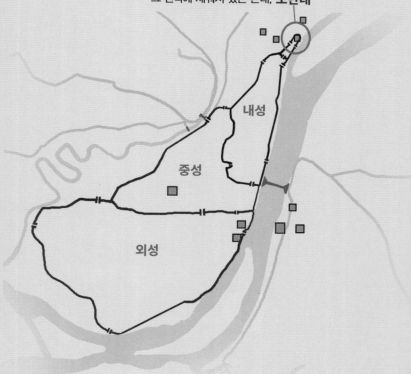

실로 평양성이라는 군함의 함교라 할 만한 포지션. ↘

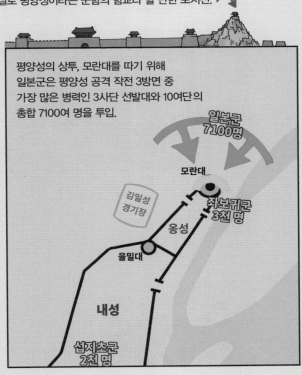

평양성의 상투, 모란대를 따기 위해
일본군은 평양성 공격 작전 3방면 중
가장 많은 병력인 3사단 선발대와 10여단의
총합 7100여 명을 투입.

일본군
7100명

모란대

김일성
경기장

좌본귀군
3천 명

옹성

을밀대

내성

섭저초군
2천 명

이곳이 이 전투의
천왕산이다!!

투당
투탕
타다당

10여단장
다쓰미 나오후미 소장
(8권, 무진전쟁 때 '뇌신대'를
이끌고 신정부군에 맞섰던 좌막파)

천왕산은 서울 구로구에서 찾아라!!!!

모란대에서는 좌보귀가 3천 명의 병력으로 수비.

지나놈들이 위에서 기관총 쏴대고 있으니, 포격으로 날려버려야 함.

8시, 집중 포격으로 모란대 방어가 무력화되고.

으어; 모난 봉이 정 맞는다;

현대전 포격 버티려면 콘크리트 유개 벙커가 있어야;;

청군이 쓸려나간
모란대로 일본군
특공대 진입.

섭지초와
좌보귀의 불화로 평양성
내성에서의 지원은 없었고.

8시 10분,
모란대 함락.

좌보귀,
출성 기마 돌격 감행.

어차피 망한 거
장렬하게 던진다~!!

컥,
창끝이 닿지도
않는구나;;

8시 30분,
총격으로 좌보귀 전사.

으어어어;
겜 터졌다;;

이어서 현무문에 대한 일본군의 폭파 공격.

성벽 위 회곽도를 따라
공격이 쭈욱 이어져─

모란대

현무문

옹성

을밀대

내성

점심 무렵에는 을밀대까지
일본군 진출.

런치 메뉴
물냉 세트 ㄱㄱ!

오후 들어 장대비가 내리기 시작하며
9월 15일 14시경에 일단 전투 종료.

섣불리 시가전으로
돌입할 필요 없지.

오늘은
여기까지.

쿳, 거 봐라. 내 뭐랬냐.
이리 처발릴 거 진작에
철수했어야지!!

이성적인 판단으로
평양성 빠른 손절
ㄱㄱ!

아모른직다!!
세 라인 중 북쪽 하나만 뚫린 건데!!
일본군이나 우리나 피해 비슷!
(양군 공히 200여 명 전사.)
일본군 식량, 탄약 보급도
거의 오링났다던데!

아니, 모란대 따인 건
롤로 치면 3억제기에
바론까지 준 거라고요!!

바로 짐 싸고
철군 준비하쇼!!

오호?

이날 오후 평양성 성문들에 백기가 올라오고.

청군의 사절이
일본군영 방문.

GG 선언문입니다;
평양성을 일본군에
내어드릴 테니, 청군이
무사히 떠날 수 있도록
부탁드립니다.

근데 왜 문서 명의가
청군 지휘관 섭지초가 아닌
평안감사 민병석 이름으로?

어… 패전 문서에
이름을 남기기
싫어서?

개수작 부리지 말고
바로 성문 다 열고
공식적으로 항복하시오!!

늬예, 늬예~
내일 아침에 성문
다 열어드릴게요~

9월 15일 21~22시, 청군 야반도주 감행.

내일 아침까지
일본놈들 방심하고
있겠지?

하, 오늘 밤에 튈 줄 알았다!

끄악!! 그쪽이 이미 이기지 않았는가! 손 속에 사정을 두시오!!

BUT, 일본군은 도주 예상로에 풀컨디션으로 대기하고 있었고.

실제 평양성 전투에서 발생한 청군 전사자는 200여 명이었는데,

이 패주 과정에서 1200명 이상이 죽었죠;;

9월 16일 5시, 일본군 평양성 입성.

반자이!!!

평양성 전투는 일본군의 승리로 끝났습니다!!

오늘 브런치는 평양냉면이다!!

이것이 승승한 맛이로구나!

청군의 패주 과정에서 600여 명의 포로가 잡혔는데요.

도망 못 가게 ~~천경삭~~ 변발로 서로 묶어둠.

264

다수의 포로가 참수당합니다.

비문명 야만국 지나인들에게 문명인 대우 필요 없다!

청군에 가담한 조선 기영병 9명도 처형당했죠.

평양성 전투에서 일본군은 국산 무라타 소총을 사용해 그 실전 능력을 입증.

단발 볼트 액션. 최초로 천황가 국화 문장을 새겨놓은 소총이죠.

村田 十八年式小銃

22년식 무라타 수동 연발 소총도 개발되어 있긴 했지만, 청일전쟁에는 사용되지 않았다.

청군은 독일제 단발 볼트 액션 마우저 게베어 1871을 주력으로, 그 외 윈체스터 등 다수의 수동 연발 소총을 사용.

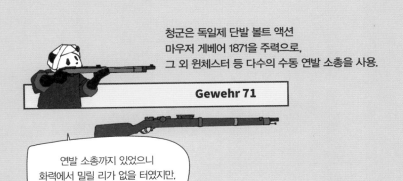

Gewehr 71

연발 소총까지 있었으니 화력에서 밀릴 리가 없을 터였지만, 병사 개개인의 사격 숙련도가 너무 낮았다;;

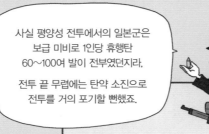

사실 평양성 전투에서의 일본군은
보급 미비로 1인당 휴행탄
60~100여 발이 전부였던지라.

전투 끝 무렵에는 탄약 소진으로
전투를 거의 포기할 뻔했죠.

결국
승부를 결정지은 건
대포다! 대포!!

일본군이 끌고 온 58문의 야포는
대부분 이탈리아제 7BR Ret을 일본에서
라이센스 생산한 75mm 청동 대포.

위력은 좀 약했지만, 가벼워서
멀리서 빨리 끌고 오는 데 유리했죠.

반면에 평양성의 청군 화포 중 16문만이
75mm 크루프 포였고.

성벽 위에
방열 빡세다;;

현대 포격전을 상정하지 않은
전근대 성채에서의 포격전은
숙련된 공격 측에 유리한 것.

한편 9월 15일,
아직 평양성 전투 소식을 듣지 못한 청군은
해로를 통해 4천 명의 병력을 조선으로 증파.

치원 함장
등세창

북양함대 우총병
정원 함장
유보섬

북양함대 좌총병
진원 함장
임태중

이들 영국 유학파 장교에게
정여창은 근대 해군에
문외한인 틀딱 똥별일 뿐.

북양함대 제독
정여창

태평천국 전쟁 때부터
이홍장의 심복.

원래 이홍장은
전쟁 초기부터 함대
보존 전략을 고수했는데.

이에 일본 함대는 황해 전체를 앞마당처럼 싸돌아다니고.

님, 쫄? ㅋㅋ

9월 12일에는
위해위 입구까지
일본 정찰함이 들어와
도발하고 돌아갔으니.

몸을 사리며 항구에만
처박혀 있는
제독 정여창을
파직하시옵소서!!

이에 청류파의 상소가 빗발치고.

왜구가 앞바다에서
설치는 꼴을 어찌
수수방관하겠는가!

전 함대를 이끌고 나가
적을 격멸토록 하라!!

황제의 출격 어명에
결국 북양함대 전체가
기어 나올 수밖에 없었다.

일단
병력 수송 호위로
슬쩍 나갔다 와보죠;;

아오; 폐하
군알못이시네;;
우리 함대
후달리는데;;

동양 최대 최강이라는 북양함대가 어째서 이리 후달리는 꼬라지를 보이게 되었는고 하니ー

거품 다 걷힌 거지. ㅋ

청불전쟁 치른 이후로 국방에 쓸 돈이 없어, 돈이.

1880년대 중반, 정원과 진원 구입 이후로는 해군 예산이 동결, 삭감되어 전력 증강이 이뤄지지 않았다.

기본적으로 포탄 구입을 못 해서 수병들이 함포 실사격을 해보질 못했음;

거, 비싼 군함 샀는데 포탄은 서비스로 좀 주시면 안 되나요!?

청일전쟁이 터지고 나서야 부랴부랴 독일에 포탄 주문, 9월 15일의 북양함대 출격 직전에야 간신히 함에 탑재한다.

서비스 기간이 그리 길 수는 없죠.

청 해군은 거함 거포,
충각 전술을 택했지만—

큰 거
궁 한 방
맞아라!!

그보다는
작은 평타
여러 방이
더 괴롭겠지!

당시 해군 전술 트렌드는

작고 빠른 함선의
기동 속사포
사격 전술이었는데.

이런 부분에서 개선이라든가
대비가 전혀 되고 있질 않아!
해군 예산이 없어서!!!

이 와중에 태후마마께서는
이화원 복원과 환갑 잔치 준비에
수천만 냥을 털어먹고 계시네!!

이화원 복원으로
아편전쟁의
트라우마 극복!

그렇게 압록강 하구에서
서쪽으로 항진한 지
얼마 되지 않아─

사가시모노~ ♬
사가시니~

음?

오하요~

남남서 방향
적 함대!!

9월 17일 오전 10시 30분,
청일 양 함대 동시 발견.

영혼의 한타
ㄱㄱ!!

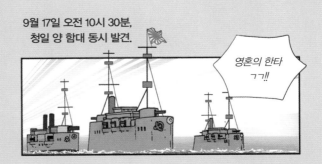

굽씨의 오만잡상

을밀대, 칠성문, 최승대 등의 유서 깊은 성곽 망루를 품은 명승지 금수산은 예로부터 그 주봉인 모란봉으로 통칭되어 왔습니다. 모란봉은 서울의 남산과 비슷한 포지션으로 시민들을 위한 적당한 도심 속 공원 역할을 수행하고 있습니다. 남산타워에 상응하는 평양텔레비존탑도 모란봉에 있지요. 오늘날 모란봉에서 보통강까지 이어지는 모란봉 구역은 실로 평양의 샹젤리제라 할 만한 간판 동네로, 김일성경기장, 평양개선문, 4·25문화회관, 모란봉극장, 삼지연관현악단극장 등의 가오 넘치는 건물들이 줄줄이 늘어서 있습니다.

경기도 성남시에는 모란봉에서 이름을 따온 모란시장이 있고, 남쪽의 TV에서는 탈북민 예능 프로그램 〈모란봉 클럽〉(2021년 5월 종영)이 인기를 끌었지요.

이 모란봉-금수산은 풍수적으로 평양의 진산(鎭山)인데, 그 지맥에 자리한 김일성·김정일 부자의 무덤인 금수산태양궁전 터는 금거북이 늪에 들어가는 형국의 일등 진혈(眞穴)이라고 합니다. 그런데 다른 풍수 해석에 따르면, 평양은 그 모양이 강에 뜬 배와 같기에 예로부터 배 바닥을 뚫는 모양새를 꺼려 성내에 우물을 파지 않았다고도 합니다. 이제 그 배 바닥을 뚫고 무덤을 썼으니 평양이 침몰할 것이라는 도참설도 꽤 그럴듯하지 싶습니다. (엄밀히 따지자면 시체를 땅에 묻은 게 아니고 박제해 건물 안에 두었으니 해석이 달리 될 것이지만….)

제18장

황해해전

청일전쟁을 맞아
일본 해군 전체를
통합해 조직된 연합함대.

전체 28척의 함정 중
에이스 10척을 추려서
황해로 간다.

해군 군령부장
(해군 참모총장)
가바야마 스게노리

연합함대 사령장관
이토 스케유키

블라디보스토크

베이징

톈진

다롄

서울

부산

오사카

나가사키

난징

상하이

1894년 7월 23일,
연합함대가
사세보에서 출진.

7월 25일의 풍도해전 이래
수송과 정찰 활동으로
황해를 헤집고 다닌다.

연합함대 사령장관의
지휘권에 폐를 끼치지 않도록
비전력 여객선 타고
따라다닐 터이니 걱정 ㄴㄴ.

그런데
연합함대의 꼬리에
가바야마 군령부장이
붙어서 따라다님.

단둥

의주

북양함대

뤼순

다롄

평양

원산

연합함대

장산곶

서울

옌타이

위해위

9월 들어 북양함대의 출항 동향을 주시하던
연합함대는 장산곶에서 대기하다가
9월 16일 저녁, 압록강 하구를 향해 항진.

북양함대의 주력은
각각 305mm포 4문을
갖춘 동양 최대 거함
정원과 진원.

정원
7435t

진원
7435t

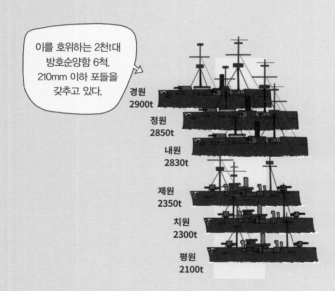

이를 호위하는 2천t대
방호순양함 6척.
210mm 이하 포들을
갖추고 있다.

경원
2900t

정원
2850t

내원
2830t

제원
2350t

치원
2300t

평원
2100t

1천t대 보조함
4척.

초용
1350t

양위
1350t

광갑
1350t

광영
1000t

그 밖에
포함 2척.

진남
440t

진중
440t

어뢰정
4척.

278

전통적인 해전 방식은
단종진과 단종진이 서로
나란히 달리며 포격을 교환하는
방식으로 이루어지는데.

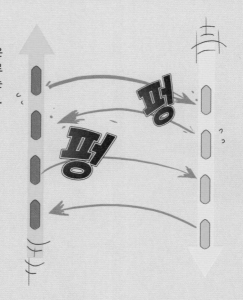

연합함대는 함선 측면에
더 많은 속사포를 장착했고
(약 200여 문)

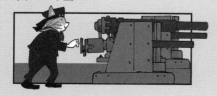

북양함대의 측면 속사포는
그 수량에서 열세에 있으니
(약 100여 문)

전통적인 단종진 VS 단종진
구도는 매우 불리할 것입니다.

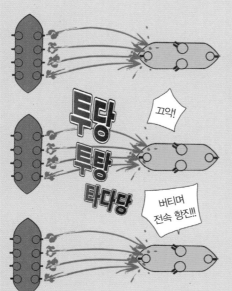

이에, 단종진 VS 일자진으로 갈 경우,
단종진의 측면 화력을 일자진 쪽이
두두두두 얻어맞는다는
불리함이 있으나—

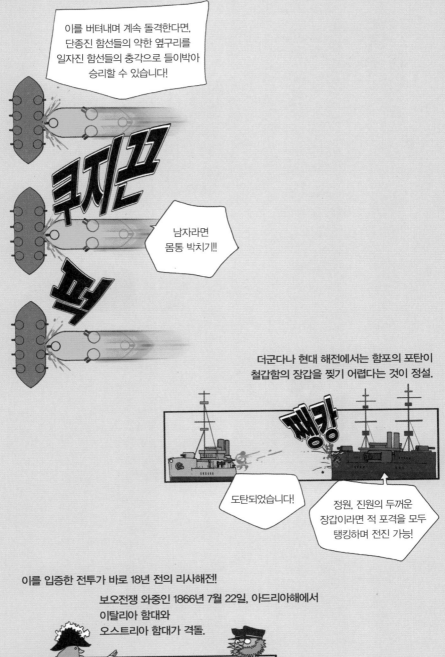

이를 버텨내며 계속 돌격한다면, 단종진 함선들의 약한 옆구리를 일자진 함선들의 충각으로 들이박아 승리할 수 있습니다!

쿠지끄

퍽

남자라면 몸통 박치기!!!

더군다나 현대 해전에서는 함포의 포탄이 철갑함의 장갑을 찢기 어렵다는 것이 정설.

쨍강

도탄되었습니다!

정원, 진원의 두꺼운 장갑이라면 적 포격을 모두 탱킹하며 전진 가능!

이를 입증한 전투가 바로 18년 전의 리사해전!

보오전쟁 와중인 1866년 7월 22일, 아드리아해에서 이탈리아 함대와 오스트리아 함대가 격돌.

오스트리아에 뭔 해군이여?! 몽골 해군 같은 건가?

아직 아드리아해가 오스트리아의 바다인 시대니까!!

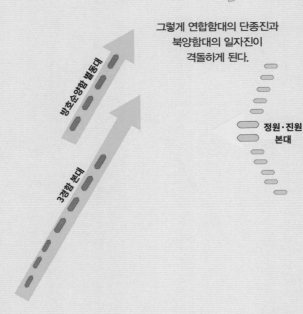

어뢰정
소함대

그렇게 연합함대의 단종진과
북양함대의 일자진이
격돌하게 된다.

정원·진원
본대

방호순양함 별동대

경함 본대

12시 50분경,
양측 포격 개시.

우테!!!
撃て!

카이훠!
开火!

연합함대의 포격으로 북양함대의
우익이 박살 나며 15분 만에
양위와 초용 리타이어.

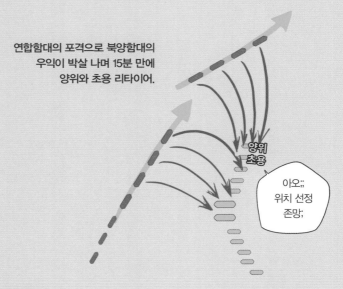

아오;;
위치 선정
존망;

그 와중에 북양함대 기함 정원의
마스트가 적 포격으로 쓰러지고.

끄악! 이 뭔
럭키샷?!

으어; 기함 마스트 상실로
함선들에 깃발 신호
명령을 내릴 수
없게 되었다;;

북양함대 제독 정여창이
부상을 입고 리타이어.

으; 각 함은 함장 재량껏
개함 전투를
치르도록 하라;;

북양함대의 반격도
만만치는 않았고.

나니와의 탄약고가 적 포탄에 뚫리고
요시노에 화재가 발생하는 등
일본 함선들에도 피해 다발.

양측의 중·소구경 포들이
제법 성과를 내는 데 비해
일본 3경함의 320mm포,
청 정원·진원의 305mm포들은
전혀 명중탄을 내지 못하고 있었으니.

이 거포들은 느린 발사 속도(5~10분에 1발),
느린 포탑 선회 속도, 함체 반동 문제 등으로
명중을 기대할 수 없는 물건이었던 것.

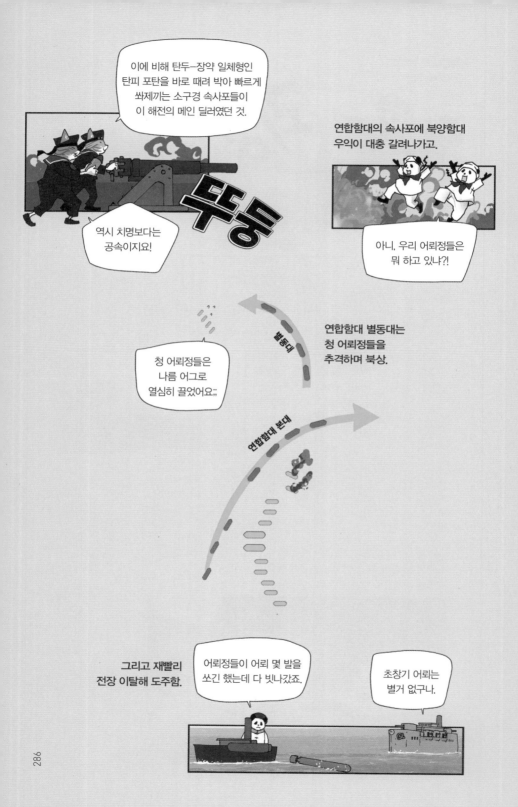

이에 비해 탄두-장약 일체형인
탄피 포탄을 바로 때려 박아 빠르게
쏴제끼는 소구경 속사포들이
이 해전의 메인 딜러였던 것.

역시 치명보다는
공속이지요!

연합함대의 속사포에 북양함대
우익이 대충 갈려나가고.

아니, 우리 어뢰정들은
뭐 하고 있냐?!

별동대

연합함대 별동대는
청 어뢰정들을
추격하며 북상.

청 어뢰정들은
나름 어그로
열심히 끌었어요;;

연합함대 본대

그리고 재빨리
전장 이탈해 도주함.

어뢰정들이 어뢰 몇 발을
쏘긴 했는데 다 빗나갔죠.

초창기 어뢰는
별거 없구나.

(청 어뢰정들 전장 이탈.)

별동대

13시 15분경
청 함대의 직진이
일본 함대 본대의
꼬리를 자른다.

무장상선개조 야마기 하에이

으아악!!
잘렸다!!

3경함

이럴 때는
사쓰마의 비기!
전진철수다!!!

물론 청 함대에서는
저 여객선에 일본 해군
참모총장이 타고 있다고는
상상도 하지 못했다.

가바야마 군령부장

미니언인가?

낡은 장갑함과 소형 포함, 여객선은
청 함선 사이를 전속 돌파,
기적같이 빠져나간다.

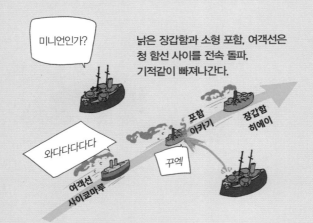

포함
아카기

장갑함
히에이

와다다다다다

구엑

여객선
사이쿄마루

미친 군령부장을 구해라! 별동대는 빨리 돌아와서 적 함대를 견제할 것!

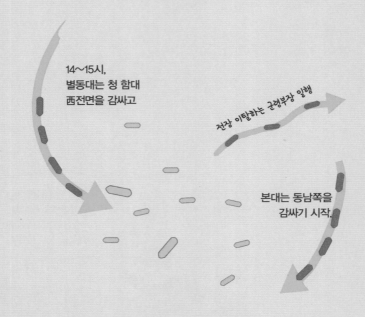

14~15시, 별동대는 청 함대 西전면을 감싸고

전장 이탈하는 군령부장 일행

본대는 동남쪽을 감싸기 시작.

나님의 무사 탈출은 두고두고 우려먹을 무용담 소재로!

. . . .

군령부장은 무사히 탈출했지만, 포함 아카기 함장 전사.

15시 10분 이후로는 연합함대의 두 종대 사이에서–

구구구

별동대

청 함선들이 십자포화를
두들겨 맞게 되고.

본대

쿠와아

큭; 이대로는 무의미하게
학살당할 뿐;; 장수는 빠질
타이밍도 알아야 하는 법.

제원 함장 방백겸

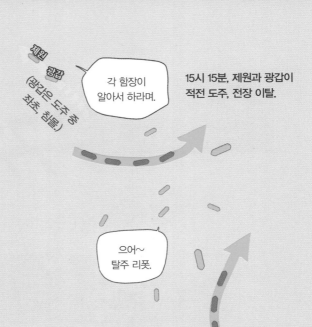

제원 광갑
(광갑은 도주 중
좌초, 침몰.)

각 함장이
알아서 하라며.

15시 15분, 제원과 광갑이
적전 도주, 전장 이탈.

으어~
탈주 리폿.

슬슬 전투 마무리 분위기인데…
북양함대… 해치웠나?

응?

슈우우우웅

우와아아악!!!

꽈웅

15시 30분,
연합함대 기함
마쓰시마 피탄, 유폭.

우와아아악;;
우와아악!!

아오, 겜 다 터지고
나서야 크리 뜨네;;

진원의 305mm 포탄이
드디어 명중한 것!

진원 함장
임태중

두둔

이 포탄 한 발로
마쓰시마 승조원 57명이
전사하고 50여 명이 부상.

정원은…
아직 침몰하지
않았습니까….

크억!!
적 기함이 기절한 지금이야말로
크게 찔러 들어갈 타이밍!!

돌격!!!!!

치원 함장
등세창

치원이 일본 함대를 향해 전속 충각 돌진을 감행.

으아아아아!!!!
중화후아크바르!!

하지만 포탄을 뒤집어쓰고 침몰.

으아아아아!
저리가!!!

등세창은 치원과 운명을 함께한다.

중화 해군은 이날을
기억할 것입니다!

애견도 함께

훗날 중국 해군 훈련함에
등세창의 이름이 붙는다.

그나마
정원, 진원을
잃지 않았으니,

졌잘싸는 무리여도
결정적 대참패는
아닐 수도….

마쓰시마 대파와 치원의 돌격으로
일본 함대가 어수선한 사이
17시 40분경, 북양함대 퇴각 개시.

일본 함대는 피해 수습과
피로도 문제로 추격을 포기.

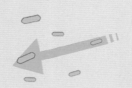

으어; 빡셌다;
대충 이긴 걸로
끝내자;;

북양함대는 장갑순양함 2척과 1350톤급 3척 상실, 사상자 1350명.

연합함대는 기함 마쓰시마 대파,
소형 보조함 2척 대파,
사상자 380명.

북양함대가 개발리긴 했지만
그 손실이 아주 치명적인 건
딱히 아니었죠….

이겼다!!
오늘 저녁은
황해 꼼짱어다!!!

−라고 좋아
날뛸 만할 정도의
완승은 아닌데요;;
적 주력 섬멸도 못 했고;;

아군 피해도
적지 않고;;

뭐 ㅅ#$!
이겼으면 장땡이지!!
황해해전은 제국 해군의
빛나는 첫 大勝으로 역사에
길이 남을 것이다!!

주요 사건 및 인물

주요 사건

보은취회

19세기 후반 동학이 부쩍 세를 늘리자, 충청도 관찰사 조병식은 동학의 모임을 금지하고 각종 유인물을 압수해 폐기하는 등 탄압을 가한다. 이에 동학교도들은 사형당한 교조 최제우의 신원 (伸冤), 즉 사면·복권을 요구하는 것으로 대응. 광화문 앞에서 읍소 시위를 벌인다. 이후에도 탄 압이 그치지 않자 1893년 5월 보은에서 동학교도 2만 7000여 명이 모이는 대규모 집회가 열리 니, 이를 '보은취회'라 한다. 보은취회를 통해 동학은 규모에 걸맞게 조직을 개편하고 척왜양의 기치를 새로 내건다.

동학농민운동

보은취회와 같은 때에 전라북도 김제에서도 원평취회가 열린다. 이를 주최한 남접, 즉 남쪽 지역 의 동학교도들은 충청북도 보은 중앙교단의 통제에서 상당히 벗어나 있었는데, 대표적인 인물 이 바로 전봉준이다. 원평취회를 마치고 고향으로 돌아간 전봉준은 아버지 전창혁의 죽음을 알 게 된다. 만석보 공사와 온갖 무명잡세 부과로 백성을 괴롭히는 고부 군수 조병갑의 횡포에 항 의하다가 모진 매를 맞고 사망한 것. 해를 넘겨 1894년 1월 조병갑이 익산 군수로 이임, 고부를 떠나며 사태가 일단락되는 듯하나, 그는 로비를 벌여 고부로 다시 돌아온다. 이에 전봉준이 흉 흉해진 민심을 규합해 민란을 일으킨다. 처음에는 당대의 일반적인 민란처럼 고부 지역 내의 작 은 사건으로 그치는 듯하나, 관의 과도한 강경 진압과 전봉준의 의지, 동학교도들의 결집 등이 얽히고설키며 거대한 농민 반란으로 발전한다. 1894년 4월 전봉준이 이끄는 수천의 농민군이 고부를 장악하고, 전라도 감영군(지방군)과 조정에서 내려보낸 경군(중앙군)을 격파. 전주성을 점령한다. 이후 전주성에 갇혀 포위된 농민군은 고전을 면치 못한다. 하지만 성급한 청군 청병 으로 일본군까지 조선 땅에 끌어들이게 된 조정이 서둘러 농민군과의 협상에 나서며 화약을 맺 게 된다.

김옥균 암살

갑신정변 이후 일본으로 망명한 김옥균은 일본 정부의 냉대에도 불구하고, 재야 세력의 후대를 받으며 현지에서 인기를 얻는다. 1894년에 이르러 김옥균은 조선으로 돌아가 다시 한번 거사를 도모코자 궁리하고, 이를 위해 이홍장을 만나 자신의 비전을 제시하고 조선 정계로의 복귀를 지원받고자 중국행을 택한다. 이때 병조판서 민영소에게 지시받은 이일직의 김옥균 암살 의뢰로 홍종우가 중국행에 동행한다. 결국 1894년 3월 28일 상하이에서 김옥균은 홍종우에게 권총으로 피살당한다. 김옥균의 시신을 가지고 조선으로 돌아온 홍종우는 벼슬을 받고, 김옥균의 목은 효수되니, 이 사건은 일본 조야에 큰 충격을 안긴다.

경복궁 전투

동학농민운동이 거세지자 조선 조정은 청에 군대 파병을 요청한다. 청군이 조선에 발을 딛는 순간 텐진조약 체제하의 세력균형은 붕괴, 일본도 조선에 군대를 보낼 것이 뻔하지만, 조선의 친청 민씨 정권의 존립을 더 중요하게 여긴 청은 조선으로 군대를 보낸다. 일본이 조선 문제로 청과 전쟁까지 벌이려고 하지는 않으리라고 기대한 것이다. 하지만 일본은 곧바로 조선에 군대를 보내고, 조선 내정에 대한 간섭권의 균점을 요구하며 전쟁 불사의 자세를 보인다. 양국의 팽팽한 대립이 이어지는 와중인 1894년 7월 23일 일본은 두 개 여단 5000명의 병력으로 경복궁을 점령하고 임금과 조정을 장악한다. 그렇게 조선에 친일 정권을 수립하고 주도권을 쥔 일본은 강력히 반발하는 청과의 본격적인 전쟁에 돌입한다.

청일전쟁 첫 번째 국면

경복궁 전투가 끝나고 이틀 후 아산만 입구에서 일본 함대와 청 함대가 조우해 해전을 벌인다. 얼마간의 포격전 후 청 함대는 도망가고, 이를 뒤쫓는 중에 일본 함대는 또 다른 청 수송선단을 발견한다. 이 수송선단에 대한 공격으로 청 수송선 고승호가 침몰, 청군 800여 명이 수장된다. 이 풍도해전에 이어 일본군은 아산의 청군 축출을 위해 남진, 이를 막기 위해 나선 청군과 성환에서 맞붙어 승리한다. 일련의 전투가 끝난 1894년 8월 1일 청일 양국은 정식으로 전쟁을 선포한다. 9월 15일 일본군은 평양성의 청군을 향해 공격을 퍼붓지만, 청군의 선방으로 기세가 꺾인다. 하지만 평양성의 북쪽 모서리 모란대에 대한 일본군의 공략이 성공하며 결국 청군은 일패도

지. 평양성 전투는 일본군의 승리로 끝난다. 한편 황해에서는 수송 작전 호위를 마치고 돌아가던 청의 북양함대와 일본의 연합함대가 조우, 함대결전이 벌어진다. 단종진의 연합함대를 향해 일자진으로 돌격한 북양함대는 적의 허리를 끊는 데는 성공하나, 그 과정에서 너무 큰 피해를 보고 와해된다. 다만 주력 함선들은 온존해 퇴각에 성공하고, 연합함대는 효율적인 기동과 포격으로 승리를 거두면서도 기함이 대파되는 등 적잖은 피해를 본다. 이 해전 이후로 동양 최대 최강으로 불린 북양함대는 위해위에 갇힌 신세가 되고, 연합함대가 황해의 제해권을 장악하게 된다. 이로써 조선에서의 청군은 모두 축출되고 청일전쟁의 첫 번째 국면이 마무리된다.

주요 인물

최시형 崔時亨

동학의 2대 교주다. 1827년 빈농의 아들로 태어나 종이 만드는 조지소에서 일꾼, 머슴 등으로 살다가 1861년 동학에 입교한다. 1864년 1대 교주 최제우가 처형당하자 2대 교주가 되고, 이후 태백산, 소백산 등에 은거하며 포교 활동에 집중한다. 처음에는 교조신원운동에 반대하나, 광화문 읍소 시위 이후에도 탄압이 계속되자 보은취회를 개최해 세를 과시하는 쪽으로 방향을 튼다. 동학농민운동에 대해서도 처음에는 반대의 뜻을 보이나, 그 세가 커지자 결국 지지를 표하며 북접군을 전쟁에 합류토록 한다. 1895년 초 동학농민운동이 거의 진압당하자 교단 지도부와 함께 몸을 숨기지만, 1898년 동학교도 송경인의 밀고로 체포당해 목이 매달린다.

전봉준 全琫準

동학농민운동의 지도자다. 1855년 고부에서 전창혁의 아들로 태어난다. 어릴 적 한학을 공부한 덕분에 고향에서 서당이나 한약방을 운영하고, 풍수를 봐주거나 길흉을 점쳐주고, 글을 대신 써주는 등 '논두렁 지식인'으로 활동한다. 1880년대에는 동학에 입도해 지역 지도자인 접주가 되고, 원평취회 이후 탐관오리 조병갑에 맞서 고부민란을 주도, 결국 1894년 4월 동학농민운동의 지도자로 나선다. 전봉준은 농민군을 지휘해 전주성을 점령하고, 기세에 놀란 조정과 화약을 맺어 호남 지역에 집강소 체제를 입식하는 데 성공한다. 이후 일본군이 경복궁을 점령하고 청일전쟁을 벌이자 '척왜근왕'을 외치며 다시 농민군을 모아 서울을 향해 북진한다. 하지만 10월 공주 우금치 전투에서 패배하고, 퇴각을 거듭한 끝에 무리가 와해된다. 도피를 이어가던 전봉준은 순창 피노리에서 옛 부하 김경천의 밀고로 체포되어 1895년 3월 29일 처형당한다.

홍종우 洪鍾宇

최초의 프랑스 유학생이자 김옥균 암살범이다. 대원군 시절 영의정을 지낸 홍순목, 그의 아들로 갑신정변을 주도한 홍영식과 같은 남양 홍씨지만, 홍종우의 집안은 고조할아버지부터 아버지까지 한 명도 관직에 오르지 못한 몰락한 계파다. 실제로 가난한 유년 시절을 보내나, 뜻을 펼치고자 일본으로 건너가 돈을 모으고 인맥을 형성해 프랑스 유학에 성공한다. 당시 프랑스는 일본

문화 애호 풍조인 '자포니즘'이 유행하고 있어서, 늘 한복을 입고 다닌 홍종우도 유명인으로 대접받는다. 실제로 동양 미술품으로 채워진 기메미술관에서 분류 작업을 돕기도 하고, 《춘향전》 《심청전》 등을 프랑스어로 번역하기도 한다. 그렇게 서구 문물을 익히고 조국 근대화에 쓰임받기를 바라며 일본으로 돌아오지만, 출세에 어려움을 겪는다. 그러던 중에 병조판서 민영소에게 지시받은 이일직의 김옥균 암살 의뢰를 수락한다. 김옥균에게 접근해 환심을 산 홍종우는 그의 중국행에 동행해 상하이에서 암살하고, 그 시신을 조선으로 가져온다. 그 공으로 홍문관 교리 벼슬을 받고 이후 근왕파 관료로 일하며 황국협회를 주도한다. 훗날 이승만 등의 국사범에 대한 재판을 맡기도 한다. 1905년 제주 목사에서 해임된 후 은거하다가 1913년 사망한다.

광서제 光緖帝

청나라의 11대 황제이자 최초의 방계 혈통 황제다. 황위 계승 서열 원칙상 황제가 될 수 없는데, 이모인 서태후가 자신의 권력을 영구히 하고자 옹립한다. 다만 장성하면서 정치의 전면에 나서서 청조의 중흥을 위해 노력한다. 조선에서 일본과의 갈등이 고조된 상황에서 물러서지 않고 대결을 택하지만, 1년여간의 청일전쟁은 결국 청의 패배로 끝나고 만다. 이후 본격적인 국가 개혁을 위해 서태후를 중심으로 한 수구 세력과의 대결을 준비하게 되는데….

정여창 丁汝昌

청일전쟁 당시 청의 북양함대를 이끈 제독이다. 태평천국군에서 경력을 시작하지만, 전향해 이홍장의 막하에서 활약하며 태평천국 진압에 공을 세운다. 1882년 6월 조선에서 임오군란이 발생하자, 함선과 병력을 이끌고 가 난을 진압한 다음 대원군을 납치해 온다. 북양함대 제독의 중임을 맡지만, 근대 해군의 기술과 전략에 어두워 유학파 장교들의 존중을 얻지 못한다. 청일전쟁이 터지고 황해해전에서 일본의 연합함대와 함대결전을 벌이나 큰 피해를 보고 퇴각한다. 이후 함대 온존 방침에 따라 위해위에 함대를 못 박아둔다. 1895년 2월 위해위에 대한 일본군의 공략으로 함대가 전멸 위기에 처하자, 결국 이홍장에게 전보로 소식을 전한 뒤 자결한다.

이토 스케유키 伊東祐亨

청일전쟁 당시 일본의 연합함대를 이끈 제독이다. 이토 유코로도 불린다. 사쓰마 번사 출신으로 어려서부터 막부가 세운 학교에서 영국 학문을 접한다. 그 과정에서 해군의 길을 걷게 되고, 보신전쟁 때 해전에서 활약한다. 메이지 유신 이후 근대 해군 체계가 성립되며 1871년 대위로 임관, 이후 착실히 승진해 청일전쟁 즈음해서는 연합함대 초대 사령장관에 오른다. 황해해전을 승리로 이끈 후, 위해위 공략 작전도 성공시킨다. 북양함대의 정여창이 자결하자, 그 시신을 청에 돌려보내며 휘하의 모든 장병에게 경례로 전송토록 해 화제를 모은다. 러일전쟁 때는 군령부장을 맡아 해군 전체를 총괄한다. 황해해전의 공으로 자작 작위를 받고 러일전쟁 후에는 백작으로 승작, 유신 원로 그룹의 일원으로 대우받지만, 정치에 관심을 보이지 않고 평생 군인으로 살다가 1914년 사망한다.